AF316834

ماهی و شیوا

شیوا فرضی هجراندوست

دانلود فایل صوتی

سرشناسه	:	فرضی هجراندوست، شیوا، ۱۳۵۶-
عنوان و نام پدیدآور	:	ماهی و شیوا/شیوا فرضی‌هجراندوست.
مشخصات نشر	:	تهران: موسسه آموزشی تالیفی ارشدان، ۱۴۰۲.
مشخصات ظاهری	:	۲۱۲ص.؛ ۱۴/۵×۲۱/۵ س‌م.
شابک	:	۸-۷۱۷۹-۰۸-۶۲۲-۹۷۸
وضعیت فهرست نویسی	:	فیپا
موضوع	:	شعر فارسی-- قرن ۱۴
		Persian poetry -- 20th century
رده بندی کنگره	:	PIR۸۳۵۶
رده بندی دیویی	:	۶۲/۱۱۸فا
شماره کتابشناسی ملی	:	۹۲۸۰۶۶۶
اطلاعات رکورد کتابشناسی	:	فیپا

مؤسسه آموزشی تألیفی ارشدان

■ نام کتاب:		ماهی و شیوا
■ نویسنده:		شیوا فرضی هجراندوست
■ ناشر:		آموزشی تألیفی ارشدان
■ ویرایش:		اول
■ نوبت چاپ:		اول ۱۴۰۲
■ حروفچینی و صفحه آرایی:		www.irantypist.com
■ طراح و گرافیست:		دکتر سارا نوری
■ شابک:		۸-۷۱۷۹-۰۸-۶۲۲-۹۷۸
■ شمارگان:		۱۰۰۰
■ مرکز خرید آنلاین:		www.arshadan.com
		www.arshadan.net
■ مرکز پخش و توزیع:		۰۲۱۴۷۶۲۵۵۰۰
■ قیمت:		۱۵۰۰۰۰ تومان

پیشگفتار ناشر:

به نام ایزد دانا که آغاز و انجام از آن اوست

هرگز دل من ز علم محـــروم نــشد   کم ماند ز اسرار که مفهوم نشد

اکنون که به چشم عقل در می‌نگرم   معلومم شد که هیچ معلوم نشد

ای دانای بی‌همتا،ای بخشـنده‌ایی که ناخواسته عطا فرمایی و هر نیازمندی را به عدالت بی‌نیاز گردانی، مگر اینکه نالایق باشـد و آن عنایت را به باژگونه از دست دهد. در عرصـه پیشـرفت تکنولوژی در هزاره سوم، هنوز نیاز بر مطالعه کتاب در کنـار اسـتفاده از منابع کامپیوتری و اینترنت احسـاس می‌شـود. از این بابت خوشـحالیم که می‌توانیم در جهت اعتلای علم، دانش و فرهنگ کشور قدمی هر چند کوچک برداریم.

و من الله التوفیق
دکتر شمس الدین یوسفیان
مدیر مسئول انتشارات ارشدان

فهرست

۱* سلام

سلام ای قبله‌ی خورشید
سلام ای آب و آیینه
سلام زیباترین واژه
رفیقِ خوبِ دیرینه

تو را در دل نگه دارم
برایت قصه‌ها دارم
تو شاید باد و طوفانی
که من هر دَم تو را دارم

چنانند نارفیقانی
که زخمی می‌زنند بر زخم
نه هم‌پایند و نه مرهم
که عاقبت می‌کنند هر دم

نـه شـاید دوسـتی و راسـتی
کـه بـذرِی بـه خطـا کاشـتیم
کـه در ایـن خـاک حاصـلخیز
نـه هـر کـه ریشـه پنداشـتیم

رفیقـت مـی‌شـود آنـی
کـه بـر دل مـی‌شـوی آگـاه
میـان مـا نباشـد فـرق
اگـر خـواهی شـوی همـراه

بـه سـویت هـر قـدم آیـم
شـوم بهـرِ تـو آیینـه
نگـو بـر ضدِ ایـن آبـی
کـه رسـمِ دوسـتی اینـه

ای دلِ غم‌زده بازآ که بهار در پیش است
هر طرف نقش و نگاری و وصــال نزدیک است
نوجوانی می‌کنـد بـاز این درخت کهنه‌ســال
روی اندام قشـــنگش غنچه‌هایی نیک اســت

رقصـــد آن بـلـبلِ زیبـا بـه غزل‌خوانیِ مـا
وصفِ گل نمادِ عشـق و وصلتش بسیار است
چون زمسـتـان می‌رود، انـدوه هم بـایـد رود
این زمسـتان هم بخوابد که بهار هشـیار است

دل‌تکـانی کن ز هر ســو بـاز امیـد از ســر بگیر
ســفره بگشـای بهر نوروز، حافظ و فالی بگیر
پسـته‌ی خنـدان نگـارد این گلِ رخسـارِ مـا
ســبزه از دیـدن سـنبـل سـرفرود آرد بـه زیر

۱۰ * ماهی و شیوا

ریشـه هفت‌سـین وشمعاش که نماد روشنی است
سـبزه‌اش رازِ حیـات و رنـگ و رویش آفتـاب
سـرکه‌اش نمادِ صـبر و سنجدش زایش و عشـق
سـیبِ سـرخ و سکه‌اش نقشـی مثالِ روی آب

هـر نسـیمی کـه نوازد بر غزل‌هـای قنـاری
رقصـد آن درختِ مجنون در هوای نوبهـاری
سـایه‌ات سبز و دلت گرم و نگاهت مسـتِ‌مسـت
نورِ خورشـیـد نگـاهـت، در امـان از هر غبـاری

کـوچِ غـم کـن، گر نجنبی این بهـاران می‌رود
شـب، زمسـتانش دراز و عمرِگل کوتاه اسـت
بلبل و سـوسـن و سـنبل سـر برون آرند ز خاک
رو کننـد بر آفتـابی کـه جهـان آگـاه اسـت

۳* یارِ شیرین

بیا ای یارِ شیرینم
که با یادِ تو درگیرم
به جز آن نرگسِ مستت
هر آن که خواهدم سیرم

به جرمِ عاشقی اینجا
از احوالم نمی‌پرسی؟
نه شاید دل، نه دلداری
دل و دینم نمی‌بردی

که بی‌تو آن زمستانم
شبیهِ برف و بارانم
گهی سوزان، گهی گریان
گهی ابر بهارانم

۱۲* ماهی و شیوا

ز ره برگرد که این عاشق
بـه نـامِ تـو قسم خـورده
بـه رسمِ عاشـقـی هـر جا
چـه رؤیـاها بـه سـر بـرده!

نـدیـدی بـی‌تـو شـب‌ها را
چـه جاهـایـی سـفـر کـردم
بـه صـبـح و نـور دل بستـم
ز غـیـرِ تـو حـذر کـردم

بـرای مـن کـه آغـوشـم
بـه جز تو خسـتـه و سـرده
تـوی دنـیـای بـعـد از تـو
بـه دنـبـالِ تـو مـی‌گـرده

ماهی و شیوا ٭ ۱۳

٤* بریدم

یـه روز از تـو مـی‌نوشـتم
کـه چقـد خـوبـی و مغرور
تـو چقـدر سـاده ولی من
پـره ابـهـام و ازت دور

شـب اگـه سـیاهِ امـا
دلخوشِ سـتاره‌هاشـه
روزِ آفـتـابـیِ روشـن
می‌گه هر چی سـرِ جاشـه!

خورشـیدی که شـب ندیده
تـاریـکی رو نمـی‌دونـه
فـرقِ احسـاسِ مـن و تو
از زمیـن تـا آسـمـونه

وقتی چشــمامو می‌بندم
رو نـگــاهِ مـهـربـونـت
مـی‌دونـم یـه روز مـی‌میرم
از نـبــود و از جـنــونـت

دلِ تـو یـه آســمـونـو
دلِ مـن زخـمـی و ترسـو
تـوی تـاریـکِ چشـــمـام
داره شــب می‌زنه ســوسـو

هـمـش از اینکـه نبـاشـی
خـودمـو کـنـار کشـیـدم
دور شــدم از تو و عشــقـت
خیـلـی وقتـه کـه بریـدم

۵* ابهام

هـوا ابری شـــده بـازم
بوی خـاک و نمِ بـارون
صـــدای خش‌خشِ برگ و
یه فصلِ بی‌سر و سامون

توی جـاده داریم می‌ریم
دلامون ســخت درگیره
یکی خســـته‌تر از قبل و
یکی هم ســخت پیگیره

نـه تو می‌دونی چی می‌خوام
نـه من کـه دل به تو دادم
فقط یـادت نره بـاشـــی
نگی از چشـــمت افتادم!

۱۶* ماهی و شیوا

همیشـــه واســـه تو بودن
برای من شـــده عـادت
یـه حســـی از تو با من
که بوتو دارم هر ســـاعت

یـه وقتی تو همین جـاده
مسـیرمون مشـخص بود
حـالا امروز یـه ابهـامـه
می‌ترسم که بگی بس بود!

یـه روز از ترسِ تنهـایی
یـه روز دل‌تنـگِ بـارونیم
یـه جـایی گوشـهٔ دنیـا
واســـه هر دردی درمونیم

بیـا تـوی هـمـین روزا
واسـه هم بهترین باشـیم
بـرای واسـه هم بودن
نوای این طنین بـاشـیم

۶ * قاب عکس

تو قاب عکس این چشمات
همیشـــه حرفای تازه‌ست
یـه جـایی کـه تـه جـاده
یه حســـی پُر زِ آوازه‌ست

توی شـــب گـل و ترانـه
بـا هـزار نـاز و بـهـانـه
وقتِ شـــبنم رو تنِ برگ
عشـــق‌هایی بی‌نشـــانه

مـی‌ره تـا عـمقِ وجودت
یـه چیزی شـــبیهـه جادو
مثلِ عطری لای موهات
مثلِ یک رایحه خوش‌بو

یـا مـثـلِ امـیـدِ تـازه
مثلِ خورشید، بعدِ هر شب
حسِ خوبِ روشـنـایی
بعدِ اون رهـایی از تـب

دری بسـتـه نمی‌مونـه
باز می‌شـه با یه نشـونه
روزای عاشـقـی، عشـق و
سـرِ وقتش می‌رسونـه

دست‌به‌دست گره دلامون
خنده‌ها توی چشـامون
آفتاب از جاده‌ی عشـقش
می‌شـینه باز سـر رامون

۷* طعم زندگی

مـا همه در قاب شــعری
داســتـان‌ها دوره کردیم
انـدر ایـن دام هـیـاهـو
گه به خود هم پیله کردیم!

یک شــب از رؤیا نوشـتیم
یک شــب از خاطره رستیم
مـا در ایـن بـازیِ ایـام
دل سپردیم، چشم بستیم

گـاهی از یـک شــادمانی
روزهـا دل داده بـودیـم
روزی از دامِ مصـیـبـت
چـون خودِ گهواره بودیم

چشمِ خیس در باده شستیم
چشــم دل را، دل گشادیم
گاه غریب و گاه صــمیمی
گـه‌گداری حزبِ بـادیم

در شــبی از دامِ عاشــق
بر رهـایی زجـه کردیم
یـک شــب از تنهایی اما
ما به هر ســو قبله کردیم

هر شب از دل گفته بودیم
روزهـا دل مـی‌بـریـدیم
در غـمِ تـلـخِ جـدایـی
ســال‌هاســت ما ناامیدیم

۸ * ناامید نشو

یـه روزِ روشــن و تـیره
بـا تو شـــد واقعی رؤیـا
زیرِ آسـمون قشـنگ شـد
واســـه ما هر چی تو دنیا

بـا وجودت طبعِ شــعرم
مـی‌گیره همش بهونـه‌ت
می‌شــینه باز روی کاغذ
از نـگـاهِ مـهـربـونـت

عشق، خوبی‌هاش قشنگ
و بدی‌هاش ســردی میاره
اگـه خوب باشـــه دلامون
واســـمون کـم نمی‌زاره

اسمشو می‌زاری تقدیر!
یا نشونه، نمی‌دونم!
عشق محصولِ یه باغه
آفتش می‌زنه جونم

دل که شد مثلِ یه دریا
عشق هر جوری قشنگه
آسمون روشن و تاریک
سهمِ قلبِ دلِ تنگه

دِلتو به هر بهونه
پیشِ عاشقت نگه‌دار
فردا رو کسی ندیده
ناامید نشو تو هر بار

۹ * تقویم

توی دســـتای تو عمری
خســـتـــه و دربـــه‌درم
دیگه روحی توو تنم نیست
پریــد عشـــقت از ســرم

بعدِ تو دیگه مهمِ نیســت
آســمون روشـــن و تاریک
بـعدِ مـا تمـومِ دیگـه
خـاطراتِ دور و نزدیـک

چشـــمِ تاریکِ تو حتی
تهِ ذهن و خاطرم هســت
یـه چیزی شـــبیهِ عادت
که همونم رفته از دســت

دروغـه یـا کـه حقیقـت
هر کدوم هر چی که باشه
رابـطـه بـیـنِ مـن و تو
دیگـه محکوم بـه عـذابـه

توی چشـــمـای تو حتی
واسـه من حسـی نمونده
کـه واســـه ادامـه دادن
بشـــه تا حدی نشـــونه

دور می‌شـه تقویمِ سال از
خـاطـراتِ آشــــنـایـی
روزای شـیرین و تلخ و
دل سـپـردن و جـدایی

۱۰* کجایی

بعدِ تو دیگه مهم نیسـت
آسـمون روشـن و تاریک
واســـه من فرقی نـداره
کـه اَزَم دوری یا نزدیک

دلِ من هر چی بهم گفت
خـودمو زدم بـه اون راه
بد جوری چوبشـو خوردم
شـــدم قربونيِ یـک آه

فـکرشـــم نـکرده بودم
رؤیاهـام با تو خراب شــه
کـه حـالا مثلِ یه کابوس
همه‌شون نقشِ بر آب شه

شــبــامو بــه جون خریدم
روزامـو دادم بــه دنیــات
نگی عشــــقِ من دروغــه
دل ســـپردم توی رؤیات

تو همش ســردی و سنگی
من واست عشق و محبت
قلبــمو نــبرده، کنــدی
واسه من سخت و تو راحت

مـی‌گـذره ایـن روزا امـا
یــه روزی یــادم میــاری
وقتی کــه نمونــده راهی
می‌پرســـی ازم؛ کجــایی؟

۱۱ * ترک خورده

یـه روز از یـادِ هم می‌ریم
که دل خاکسـتری می‌شه
بـه جـای تو، به جای من
یه جای دورتری می‌شـــه

هـمونجـایی کـه پلکـاتو
یه روزی روبه‌روم بسـتی
نـفـهـمیـدی و فهمیـدم
که از دسـتم تو می‌رفتی

چقـدر فـرقِ مـیونِ مـا
یـکی تو نقطـه‌ی انکـار
کـه بـا دل داره می‌جنگه
یکی در هر زمان بیـدار

نـفـهـمـیـدی دلم لرزیـد
نخواسـتـی و این و فهمید
تـــمــامِ آرزوهــام و
یه شب طوفان زد و دزدید

چـه تـلخِ طعمِ لبخنـدی
که بغض، راهِ گلوشو بست
بـه جـای اون همـه امیـد
همه دنیاش و داد از دست

چقـد شـــب گیرِ این روزا
همه گل‌ها چه افســـردند
شبای شـیشـه‌ای اینجا
از این سـرما ترک خوردند

۱۲* وجودم

همش از تو می‌نویسم
روبه‌روی خستگی‌هام
توی خوابِ سرد و بی‌رحم
گرمِ با تو حتی رؤیام

یه روزایی شبم امّا
توی شب از تو می‌خونم
تو می‌شی یه تک‌ستاره
می‌ری تا عمقِ وجودم

چِقَدَر خاطره داریم
توی جاده سرِ رامون
اون جایی که ته قصه
می‌رسه به هر دوتامون

با تو هر چیزی قشـنگ و
بـی‌تو آسـمون غروبـه
حالِ من وقتی که باشـی
بـا خیـالـت خوبِ خوبـه

سـفرِ ثانیـه‌ها رو
بـا تـو هرگـز نمی‌فهمم
عشـقـه رنگِ آسـمونه
کـه شـده دوای دردم

آسـمونمون بهشـت و
روزامون خوب و قشـنگه
عاشـقی هر چی که باشـه
دلـخـوشـیِّ دلِ تـنگـه

۱۳* و عشق آمد

شَبو از پا در آوردم
که توو زندگیم بمونی
نگی عشق همش دروغه
اینا رو می‌گم بدونی

نشد یه ثانیه بی‌تو
حس و حالِ من عوض شه
اگه یه وقتی نباشی
روزم مثلِ شب سیاهه

شب و از چشام گرفتی
ماه و آوردی تو خونه‌م
زندگیم با تو شروع شد
زنده شد دوباره جونم

با تو من خودِ بهشت و
بی‌تو سرد و سخت و خاموش
با تو خاطرات و خوب و
که نمی‌کنم فراموش!

تو بمون همیشه اینجا
که نباشی سرد و تنهام
دلِ من بسته به عشقت
با تو انگار روی ابرهام

دلتو گذاشتی پیشم
تا مراقبش بمونم
خیالت راحته راحت
قدرتو خودم می‌دونم

۱٤* خاطرات آبی

تـمـومِ خـاطـرات شـو
توی گذشـتـه جـا گذاشت
شـایـد کـه تـوی دلِ مـن
اون دیگه هیچ جایی نداشت

ایـن روزا هـم مـی‌گـذره و
مـنـو فـرامـوش مـی‌کـنـی
امـیـد و تـوی دلِ مـن
مـی‌ری و خـامـوش مـی‌کـنـی

سـتـاره تـوی دلِ شـب
بـی‌تـو چـه فـرقـی مـی‌کـنـه
وقتی نـبـاشـی ماه و سـال
تـفـاوتـی نـمـی‌کـنـه

گرمیِ دست‌های تو رو
حتی تابستون نداره
طراوتِ صورتِ تو
بهارو بارون نداره

با تو روزای خوبی رو
داشتمو هیچی کم نبود
توو بدترین شرایطم
تو بودی جای غم نبود

نشد همیشه باشی و
آسمونم آبی باشه
توو رؤیاهای ما دو تا
دوباره فردایی باشه

۱۵ * دوتایی

شـب و روزای تـکـراری
شـده عـادت بـرای مـن
یـه شـعـرِ نـا تمـومی که
خیـانـت رو خبـر مـی‌دن

یـه روزی دورتـر از الان
واسـم هـر چیزی رؤیـا بود
بـدونِ آرزو مـونـدن
بـرام آخـرِ دنیـا بـود

مثـلِ گلـی تـوی گلـدون
کـه هر صـبح رو بـه آفتـابـه
همـه ریشـه‌ش توی خـاک و
وجـودش بسـتـه بـه آبـه

نـفـهـمـیـدی و پـژمـردن
هـمـه گـل‌هـای شـمـعـدونی
چقـد گـل بـا تو پرپر شـد
هـمـه عـمـری کـه می‌دونی

یـه روزی خـاکِ این گلـدون
بـو عـطـرِ زنـدگـی مـی‌داد
بـاهـات هر چیزی ممکن بود
بـه غـیـر از تـو بـره از یـاد

ولـی حـالا چـقـدر دوریـم
از اون روزهـای دو تـایـی
از اون وقت‌هـایـی کـه بـا تو
نـه مـن بـود و نـه تـنـهـایـی

۱٦* تکیه گاه

مـن کـیـام بـرایِ تـو
کـه تو هسـتـی نفسـم
آسـمـونی یـا کـه رؤیـا
کـه بـه تـو نمی‌رسـم

با تو هر چی باشـه خوبه
هـمـشـون رو بـلـدم
عـزیـزم به انتـظـارت
عـمـری و راه اومـدم

می‌دونم آبیِ چشـمـات
مـثـلِ دریـا مـی‌مـونـه
حالشـون شـبیهِ شـعره
هـمـش از دل میخونـه

من، توی دستِ نجیبت
آسمونم و می‌دونی
اونقَدَر پاک و نجیبم
که کنار من بمونی

دلمو دستِ تو دادم
که توو حسرتم نمونی
من نشستم پایِ حرفات
تا ابد اینو بدونی

می‌دونم واسم می‌مونی
تا تهش کنارمی
روزای بارونی حتی
بگو تکیه‌گاهمی

۱۷* سیاه

مـن و تـو بـرای فـردا
چـه خوابـای خوبی دیدیم
تـا کـه اومـدیم بجنبیم
یـه دفـه از خواب پریـدیم

یـه طرف تو، یه طرف من
مـا شـــدیم خط موازی
دلا از هـــم دورِ دور و
زنـدگی‌مون بچـه‌بازی

یـه روزی معنی عشـــق و
بـایـد از مـا می‌نوشـــتن
خـاطراتِ دور و نزدیـک
کـه حـالا توی گذشــتن

۴۰* ماهی و شیوا

همه چی چه خوب و ساده
پیش می‌رفت توو روشنایی
توو یه شب ولی عوض شد
تا رسیدیم به جدایی

گفته بودی اگه رفتم
تو نزار، تنها بمونم
فکر نکرده بودی می‌ری
پا می‌زاری روی جونم

دلِ من شکسته اما
بدی، رسم روزگاره
توو روزایی سرد و بی‌رحم
آسمون فقط سیاهه

۱۸ * تصور تو

وقتی تو باشــی زنـدگی
دیگـه زمســتون نـداره
وقتِ بهار اون ور ســال
نـباشـی بارون نـداره

وقتـی نبـاشـی آینـه
دیگـه نمـی‌بینـه منو
انگـاری چنـد ســالیه که
بهـم مـی‌گه نیـا جلو

تصـاویرِ روزای خـوب
ذهـنمـو درگیر می‌کنه
چشـامو بـا نـدیـدنت
از زنـدگی ســیر می‌کنه

زندگی با خنده‌ی تو
برای من شروع می‌شه
که تو نگاه آخرت
برای من تموم می‌شه

تو شاید ازم گذشتی
شایدم منو نمی‌خوای
شایدم موقتیّه
دوباره پیشِ من میای

هر واژه از شعرِ منو
تصویرِ آخرِ تو رو
سپردمش به دست باد
شاید بگی دیگه نرو

۱۹ * تب

گـاهی یـه طوفانمو سـرد
گاهی شـقایق توی دشـت
موقعـه بـارون دمِ صـبح
سـبزم مثـه یه تک درخت

همون نسـیمم که واسـت
بـهارو بـارون مـی‌کنـه
زمسـتـون و آخرِ سـال
از خـونـه بـیرون می‌کنه

خنـدهٔ چشـمـات می‌تونه
گـریـه رو از پـا دراره
تو سـختی‌های روزگـار
عشـق و مـحبـت بیـاره

وقـتی تو بـاشـی خودمم
انگــار یـه آدمِ دیـگـه‌م
بـا تـو تـوو هر شـــرایطی
غـم بـه دلـم راه نـمی‌دم

بمون کـه خواســته‌ی منی
راهِ مـنـو خـوب بـلـدی
وقتـایی کـه تو رو می‌خوام
خـوبـی و دوری از بـدی

چشـــمـای تو یـادم دادن
صـــداقتو حتی تـوو شـب
بـینِ زمـیـن و آسـمون
بـه وقتِ بیـداری و تـب

۲۰* عادت سجاده

شب است و همواره در این
ترانه و شورِ زمین
با تو که همراهِ منی
با آرزوهای بَرین

آغوش بگشاده دلی
نزدِ سحر به سوی تو
مهر نهاده بر جبین
تا که رِسَم به کوی تو

پشت ز هر بیگانه‌ای
به سمتِ تو روانه‌ام
در معبدت بیا ببین
سماکنان مستانه‌ام

برهنه پای ز خاک و ره
ریزد درون سپیده‌دم
تا که تو آیی، نفسی
آرام شود، با هر قدم

هر آشنا، یا که غریب
وقتِ نیاز، به وقتِ ناز
عشقِ تو را می‌طلبد
تو ای نوازنده‌ی ساز

شمعی و پروانه منم
مقصد و کاشانه تویی
آمده‌ام وقتِ سحر
عادتِ سجاده تویی

۲۱* عمر و سرنوشت

هر سفر با هر ترانه
داره عطر و بوی تازه
اونجایی که خاطراتت
گاهی خوب و دلنوازه

یه روزی گرم و صمیمی
یه روزی خسته از عالم
روزای نو پیشِ روته
باز می‌شه هوای این دم

آسمون مثلِ من و تو
شب و روزشَم قشنگه
توی روز پره امید و
سهمش از شب، دلِ تنگه

نـخـور افـسـوسِ روزایـی
کـه دیـگـه بـر نـمـی‌گـرده
بـد و خـوب؛ هـمـین قشـنـگـه
نـگـو دنـیـا پـره درده

شـادی و غـم نـمـی‌مـونه
هـمـه حـرفـا گـذریـه
هـیـچـی جز خودت مهم نیسـت
عـمـرِه کـه زود داره مـی‌ره

تـوی لـحـظـه زنـدگـی کـن
کـه گـذشـتـه دیـگـه رفـته
فـردا رو کسـی نـدیـده
خـوب و بـد این سـرنوشـتـه

۲۲* خورشید و ماه

این جهان آموختـه مـا ز هر طرف
راسـتی درسـی درسـت و بی‌غلط
بـا قلـم، شـعر هم‌نوایی می‌کنـد
می‌نویسـد بیـت‌بیت و خط‌به‌خط

بـر نوای دل نشـیند سـازِ دل
هر کـه دل را خرجِ کاری می‌کند
مزدِ نیکی را سـراسـر شـور و عشـق
در سـرایش رهسـپـاری می‌کند

با تـوأم تنهانشـینِ شـهرِ غم
بـا تویی کـه در دلـت حاشـا نبود
هـر چـه دوری جسـتی از دامِ بلا
بـی‌نیـازی بود و هیچ سـودا نبود

۵۰* ماهی و شیوا

مطلبِ دل هر که گفتیم و شنید
در دلش عشق را ز جان می‌آفرید
عشق، انکاری ندارد گر چه دل
از وفاداری‌ست می‌آید پدید

گر چه عمری به هدر رفت تا دلی
خرجِ هر بی‌سر و پایی نکنیم
با غرور و ایستاده قامتی
بر درِ هر کس گدائی نکنیم

زشت و زیبا را به دل تعبیر کنند
روز و شب تاریک و روشن همه راه
عابران با نیتی تعیین کنند
تا بچرخد دورمان خورشید و ماه

۲۳* خیالِ سرد

خســـتـه از غبارِ این مــه
خســـتـه از آئینه‌ی ســـرد
خسته از اون که سکوتش
شـــده واســـم مثلِ هم‌درد

نه اونی هستی که می‌خوام
نـه اونم که فکر می‌کردی
فاصـــلـه خیلی زیـاده
تو نه گرمی و نه ســـردی

مـثـلِ اون غروبِ تلخـه
رد شـــدن از روزِ روشـــن
یـا مثلِ یه تک ســـتاره
دورتر از دســـتِ تو و من

مثل یه شاخه‌ی خشکی
رو درخت آرزوها
رو تنش جوونه کرده
این دلِ شکسته‌ی ما

یه غرورِ سخت و کاذب
پشتِ چهره‌ی خیال و
نا امیدتر از همیشه
روزهای حالِ من و تو

بودنت شده یه درد و
رفتت یه دردِ بدتر
مثلِ توبه‌ی گناهی
که نداره راهی بهتر

۲٤* پشتِ ظاهر

پشتِ شیشه‌ای امشب
خسته از شعرِ تو و من
حرف‌های نصفه‌ی من که
ناتموم مونده از این تب

پا به پام مثلِ یه سایه
توو خیالِ من می‌شینی
فرضِ داشتنت محاله
کاش یه بار منو ببینی

بی‌خبر رفتی سؤالام
بیشتره از همیشه می‌شه
بی‌خیالی یا که بی‌ما
می‌مونم واست همیشه

٥٤* ماهی و شیوا

تو رو از دور می‌نویسم
توی جاده‌ی خیالم
پشتِ این غبارِ اندوه
توی کاغذِ محالم

نه واسم یه سرپناهی
که بشه رو تو حساب کرد
نه مثه مرهمِ زخمی
که بشه تسکینِ این درد

چشامو می‌شورم اما
پشتِ ظاهرم می‌مونی
پشتِ خنده‌هام یه اَماّس
تو که معنی شو می‌دونی

۲۵ * حسود

یه پاییزِ زرد و یه فصلی که شست
درختِ جوانِ به ظاهر صبور
تبر می‌زند کین حسادت ز جان
که گر ریشه داری، نباید قصور

شبی ناامید و دلی همچو شمع
که می‌سوزد این جان ز دل خفته‌ای
چو سالم ز عقلی، جهان برده‌ای
خِرد گر نداری، خودِ فتنه‌ای

ز شیران بیاموز چو غرش کنند
گهی در شکارها خموشی کنند
که هر یاوه‌گویی نباید شنید
که در راهِ عقل، عاقلان هم کَرَند

نـدای دلـت بشـنو ای بی‌صـدا
که بی‌شــک ز دل ترس هم می‌رود
ز چشــمانِ بی‌شــرم، حیا رفته اسـت
چه سـختی که با عاقل آسـان شـود

به شــب‌های تـاریـک پناه می‌برم
کـه امـن‌تر از این، در وجودی نبود
تو را دور و نزدیـک رصــد می‌کنـم
کـه در غـالبت، هیچ حسـودی نبود

ز گنـدم صــبوری شــود رِزق و زر
که شـب را به صبح به شـود راهِ شر
که در وصفِ خوبی بیان روشن است
کلاغ سـیـاه هم شـود، خوش‌خبر

۲٦* حادثه

اگـر چـه در حضــورِ تو
همیشـــه عصیـانم ولی
دور از تو سـرد و صـامتم
جـز تـو نـدارم مـرهـمی

شبیهِ آن ستاره‌ای
که در شبم سـوسـو زند
هر چه زنم خود را به خواب
یـادت... امـانـم مـی‌بَـرَد

بـا تو چـه بی‌بهـانـه و
بی‌تو چـه عاشـقـانـه‌ام
گویی کـه گیجم در برت
در آتشـــت افتـادهام

ای آسمانِ قصه‌ها
ما کهکشانِ غصه‌ایم
در حسرتِ افسانه و
در فکرِ فتحِ قله‌ایم

هر چه که ما می‌گذریم
گویی زمان می‌گذرد
برگشت ندارد اثری
گاهی عذابت می‌دهد

دنیای این دو روزه را
در حسرتی آوار مکن
باش و بمان در برمان
عشق این چنین انکار مکن

۲۷* رؤیای خیال‌انگیز

می‌دونم با تو امروزم
شبیهِ معجزه می‌شه
یه روزِ گرم و آفتابی
که با تو مثلِ آتیشه

چه خوبِ با تو بارون و
کنارت جست‌وجو کردن
توی امنیت دستات
جهان و زیرو رو کردن

می‌مونم پای احساسی
که پیشت آرزوم بوده
یه رؤیای خیال‌انگیز
که با تو روبه‌روم بوده

۶۰* ماهی و شیوا

همش حرفِ دلم عشــقه
شــبیهِ ســاحل و دریـا
یه موجی که نشــونم داد
بـاهـات آسـونِ این دنیا

مـثـلِ عـطـرِ گـلِ رزی
کـه پیچیده لای موهـام
اَگَـرَم فـقـط یـه رؤیـاس
چقَـدَر شــیرینـه رؤیـام!

چـه حسـی بهتر از اینکه
کــنــارت آرزو دارم
یـه شــعرِ نـاتمومی کـه
واسـش پایان نمی‌زارم

۲۸* عشق

اومدی مثلِ معجزه
شدی شریکِ لحظه‌هام
خنده اومد سراغمو
تموم شد با تو گریه‌هام

تو اونقَدَر برای من
خوب و عزیزی که نگو
با تو یه آدمِ دیگه‌م
جز تو ندارم آرزو

بیا که با نبودنت
ترسِ تمومِ بدنم
نشه یه روز تموم بشه
غم بگیره جون و تنم!

برای بودنِ تو من
راهِ زیادی اومدم
همیشه از تو گفتنو
می‌دونی که خوب بلدم

توی نگاهِ آرومت
تصویری از ما شدنه
می‌بینم و حس می‌کنم
حرفِ دلِ تو بودنه

آسمون از وعده‌ی ما
داره بهم خبر می‌ده
شادی و خوشبختیِ ما
توو گوشِ هر کی پیچیده

۲۹ * شعرِ تو

تـو را دارم و مـن نـدارم قـرار
ز غـم پیـرم و بـگـذرد روزگـار
از این جـامِ جانی که نوش می‌کنی
مرا در سـرابـت خموش می‌کنی

از این راهِ فانی گـذر تـا بـه کی
بـه این عشــقِ باران‌زده ناله کی
تمـامم کنی، من تمـام می‌شــوم
صـــدایم کنی، با تو خام می‌شــوم

کـه این راهِ عـاشــق نـدارد عبور
که این قلبِ خسـته ندارد صـبور
در آن نرگسـت آرزو خفته است
من آن حسرتم که فرو خورده است

اگر بـر مـنـت سـفـره‌داری کـنی
اگـر در بـهـشـتـت مـرادم کـنی
مرا با تو در جام و می ساغری است
کـه در این غزل گر تو یـادم کنی

ز چشـمـان تو باز شـود چشـمِ دل
جهانم شـود باغ و بوسـتان ز مهر
به من شـک نکن، که خطا کرده‌ای
تویی بهرِ دل برایم همچو شـعـر

امیـدم شـــدی، نـا امیـدم مکن
صـدایم شـدی، بی‌صـدایم مکن
کویر بودم و بـا تو بـاران گرفت
هـوایـم شـــدی، بی‌هوایم مکن

۳۰ * سونتو

حـــالـــمـــون خـــوبـــه
دلامــــون جـــــوره
قلبامون نـزدیک
چشـــمِ بـــد دوره

زمـــزمـــه کـــردی
تو گوشـــم خوندی
حسِ ایـن عشـــق و
گـفـتـی و مـونـدی

تا مـی‌گی عشـــقم
واســـه تـو مُـردم
مـــنِ دیـــوونــــه
روت قسـم خـوردم

تـو بـمـون تـا کـه
بـا تـو عـوض شـم
بـا تـويِ عـاشـق
نـدارم مـن غـم

مـی‌مـونـم تـا کـه
بـا تـو آروم شـه
زنـدگـیـم پـیـشـت
بـادووم مـی‌شـه

کـی واسـت از مـن
سـرتـرم مـی‌شـه
مـگـه احـسـاسـی
بـهـتـرم مـی‌شـه

۳۱ * برو

من برای دو تا چشـــمات
قیـــدِ دنـیـا رو زدم
راه دوسـت‌داشـــتـنمو
گفـتی کـه خوب بلـدم

یـه روزی تـوی هیـاهو
گم شـــدم توی چشـــات
تـو نـفهمیـدی و دیـدم
کـه چی اومـد سـرِ رات

هـر چـی حـرفِ دلیـه
من واسـه تو بلد شـــدم
قلبـمو کنـدی و بردی
گفـتی کـه خیلی بـدم

از همون شـــب، دیگه من
آدمِ ســـابـــق نشـــدم
بـــرای داشـــتــنِ تـــو
من دیگه عاشـــق نشـــدم

روی من حســـاب نکن
مـن خیلی وقتـه بریـدم
بـــرو ادعـا نــکــن
مثلِ تو جـایی نـدیـدم

انـگـاری زیـادی بـود
دوســت داشـتنم برای تو
که بعد اون همه احسـاس
گـفتـه بودی کـه بـرو

۳۲* یه عالمه

عشـــق همون حسّـیه که
برق بزنـه توی چشـــات
ابرهـا بیـان زیرِ پات و
غَـنج بـزنـه دلـم برات

بمـونـی تـوی قلـبـمو
دیگه ازم خسـتـه نشـی
یـه روز اگـه قهر می‌کنی
یـه جـای آشــتی بزاری

تـوی دلـم جـز تو نیـاد
نشـــینـه یکی زیرِ پـات
واسـه هم اندازه بشـیم
کسـی نیـاد بگیره جـات

من واســه‌ی روزای خوب
هی بـا تو رؤیا می‌ســازم
توی چشـای خوشـگلت
قصـه‌ی فردا می‌ســازم

شـک نکنی به عشـقِ من
که زنـدگیـم جـهنمـه
برای دوسـت داشـتنِ تو
یـه عـالمـه خیلی کمـه

کنـارتـم تا روزی کـه
بمونی و خسـتـه نشـی
بـه خـاطر بَدیم یـه وقت
از دل من دسـت نکشـی

۳۳* سلول

همـه حرفـات مثلِ باروت
فشـنگش سمتِ من می‌ره
از اون روزی کـه می‌رفتی
دلـم از دیـدنـت سـیره

یه کابوسـی که هر لحظه
توی فضــای بی‌رحمی
چقـدر تلخِ کـه من حتی
نـدارم از دلـت سـهمی

تـو این سـلولِ آدمکش
من و دادی بـه تقـدیری
کـه فکرش هم نمی‌کردم
یـه روز از زنـدگیم می‌ری

یـه آدم واسـِــه این دنیـا
اگه کم هست زیادم نیست
مگه من چی ازت خواستم
بگو شـایـد که یادم نیـست

چـه روزایی گـذشـــت اما
هنـوزم بـا تـو درگیرم
نمی‌خوام این هوا سَـــمِّه!
از ایـن بیهودگی ســیرم

مـی‌دونـم راهی رو رفتم
که برگشــتش هنوز سخته
تهِ این جـادهی کوتـاه
یـه راهیّـه که بن بســـته

همیشـــه تـوی عـاشـــقـی
دنبـالِ یـک بـهـانـهای
تـوو ایـن هـوای بـارونـی
در پی یـک نشـــانـهای

جان شـــدم، قفس شـــدی
حبس شـــدم، نفس شـــدی
واژه شـــدم، شـــعر شـــدی
طلسـمِ این سـحر شـدی

صـــدای بـیفردای من
بمـان تـو در نگـاهِ من
هر لحظـه بـا توأم ببین
روشـــنـیِ پگـاهِ مـن

من گشته‌ام شیدای تو
سر به سرِ سودای تو
شبیهِ آدم ببین!
همیشه در هوای تو

برای با تو بودنم
گذشته از سراب منم
رؤیای عاشقانه‌ام
تعبیرِ این خواب منم

شب از ستاره پر شده
فنجانِ من خالی شده
در نظرِ حضورِ تو
حالِ دلم عالی شده

سایه شدم، نظر شدی
آه شدم، راه شدی
کاه شدم، کوه شدی
در شبِ من ماه شدی

توی دستـــات بـوی خوبِ
دل سپــــردنِ بــه جاده
یــه مســافر که کنارت
مــی‌اومـد راه و پیـاده

توی چشـــمـات عکسِ من بود
وقتـی که بارون مـی‌اومـد
یـه جـوری مـحـوِ تـو بـودم
که نـگـم... گذشـــته از حد!

تــوی اون نـگـاهِ مـبـهـم
حـرفـایِ نـگـفـتـه داری
رازِ یـا یـه حرفِ تـازه
شـــایـد گذشــته داری

بیا این فاصله بردار
نزار مرزی دیگه باشه
همیشه پیش تو هستم
با تو هر چی سرِ جاشه

ابرهای سنگین و بردار
بزار که دلت سبک شه
تو که باشی منم هستم
دلِ من خیلی بزرگه

اومدی مثلِ یه پیچک
پیچیدی رو تنِ خسته‌م
فکر نمی‌کردی بمونم
اما می‌بینی که هستم

۳٦ * غربت

هـوای سـردِ این خونـه
چقـدر بـهـونـه می‌گیره
هـوای غـربَـتـو داره
دلـی کـه داره مـی‌میره

تـو رفتـی و مـنِ تنهـا
کـنـارِ عکسِ تو اینجـام
نمی‌دونم یه شــوخی بود
یـا اینکـه توی یک رؤیام

ولـی انـگـاری بـیـدارم
پُـره وهم و پُره از ابهـام
یه چیزی مونده رو حسّـم
به اسـمِ عشــقِ نا فرجام!

همیشـــه توی هر قصـــه
یکی رفتـه، یکی مونـده
یکی اون عـاشـــقِ تنهـا
یکی هم دل رو سـوزونده

تفاوت داره احسـاسـسـی
که هر ذره تو رو کم داشت
توو این خـاک و نمِ بارون
به عشق تو گلی می‌کاشت

صــدای بـاد و بـارونو
هـوای اون دمِ آخـر
یـه روزِ سـرد و طولانی
گـذشـتیّ و شـدم پَرپَر

۳۷ * سوسنِ زیبا

یه جا صـــندوقچهی خالی
پُـر از عکس خیـالی بود
ته اون کوچهی بن‌بســـت
غروب‌ها هم چه عالی بود

هنـوزم تـوو خـاطـراتـم
دنبـالِـت دارم مـی‌گردم
بـی‌تـو هر جـایی غریبم
غربتِـت می‌کنـه سـردم

بـی‌نـفس‌هـای تو گرمی
نـداره هیچ جـای خونـه
چراغـا کم نور و تـارن
مـی‌گـیرن همش بهونـه

۸۰ * ماهی و شیوا

گل‌های باغچه ندارن
رنگ و بویی رو که داشتن
جای اون سوسنِ زیبا
داغ توی دلم گذاشتن

خبر از دلم نداری
پره دردمو، فراری
از همه آدما خستم
نمونده واسم قراری

آسمون! سردمه بازم
دنیا رو چه بد شناختم
جای اون چشمای زیبا
همه دارایی‌مو باختم

۳۸* دفترِ شعرم

همیشـــه توو دفتر شعر
اســـم تـو اول کـاره
قـافیـه بـی هـر بهونـه
تـو رو یـادِ مـن مـیاره

با اولیـن نـگـاهِ تـو
شـبیهِ پروانـه شــدم
شـعر شـدم، به گردِ شمع
با دیدنت والـه شـدم

حـریـرِ روی مـاهِ تـو
شبیه هیچ ستاره نیست
آبیِ خوش‌رنگِ چِشــمات
تو صورتی دوباره نیست

اونقَدَر بـرام عـزیـزی
کـه کمه واسـه تو بودن
همه هسـتیام رو میدم
این ینی که دل سـپردن

ماهِ قشـنگ کنارِ تو
که دیگه زیبا نمیشـه
تویی قشـنگترینِ من
مثلِ تو پیـدا نمیشـه

دلـمـو بـا خـودت بـبـر
تـوی تمومِ لحظهـهـات
جایی که شـعرهای منم
پُر بشـه از بهونهـهات

۳۹* دلگیرم

چِقَدَر دلم گرفته
انگاری همه غریبن
حرف و دل وقتی یکی نیست
همه دنبالِ فریبن

توو چشام نگاه می‌کردی
سادگی‌هامو می‌دیدی
کاش برای آشتی کردن
زودتر از من می‌رسیدی

دلِ من همیشه جای
مهر و آشتی می‌دونی
توو دلت همیشه جنگه
تو نمی‌خوای که بمونی

واسـه خـامـوشـیِ چشـمـات
شـمـعِ روشـنـم هـمیشـه
تـو نـمی‌فـهـمـی، می‌دونـم
بـد و خـوب کـه جـور نمیشـه

ولـی شـایـد کـه یـه روزی
زنـدگیـت یـهـو عـوض شـد
یـه جـورایـی کـم آوردی
حسِّ تو هـم بـی‌غـرض شـد

مـنـتـظر نشـسـتـم ایـنجا
کـه بـیـای دوبـاره پـیشـم
واسـه بـودنِ کـنـارم
بگی می‌خـوام کـه عوض شـم

تـوی ایـن دنـیـای نـاسـاز
تـو بیـا بـه سـازِ من بـاش
مـن کـه هسـتـم زیرِ سـایـه‌ت
تـو بـیـا هـم‌رازِ مـن بـاش

٤٠* بی تو هرچی سرِ جاشه

خاطراتت مُرده پیشم
دفترت رو دیگه بستم
تو نفهمیدی چه جوری
من غرورمو شکستم

یه روز از ترسِ رسیدن
رفتی که دیگه نباشم
آرزوهام زیر و رو شد
دلمم می‌گه نباشم

من برای با تو بودن
حرفِ تازه‌ای ندارم
در مقابلِ تو حتی
نمی‌خوام که کم بیارم

توی چشــمای سـیاهت
ســردی و دوریی دیـدم
تـو نفهمیـدی کـه مُردم
یـه شــب از همـه بریدم

حــالا اومـدی دوبـاره
ردِ پـاهـامـو بـگیـری
کـه بشــم بازی دسـتت
تـا کـه دنیـامو بگیری

فکـرشــم نکن دوبــاره
درِ قلبم رو تو وا شـــه
تـو دیگـه راهی نـداری
بی‌تو هر چی سـرِ جاشـه

٤١* من هنوز اولِ راهم

دوباره می‌خوای شروع شه
حالِ خوبم زیر و رو شـــه
یه روز عاشقی، یه روز قهر
دلـت از دلـم چـه دوره

مـنِ خوش‌خیـالـم اینجـا
واســـه تو رؤیا بسـازم
تـو بگو بـا چـه امیـدی
بـه تـو دنیـامـو ببـازم

عـطـرتـم بپیچـه اینجـا
بـره تـوو عـمـقِ وجودم
تو هـنـوزم، نـمیفهمی
واســـه تو چقدر حسـودم

بعدِ من بری و حتی
واسه تو مهم نباشه
واسه احساسِ لطیفم
توی قلبت جا نباشه

همیشه اونی برنده‌س
که دلش با یکی دیگه‌س
نمی‌شه که دوتا عاشق
عشق مثلِ آتیش و پنبه‌س

من گرفتارِ گناه و
شایدم عاقِ یه آهم!
که تو این مسیرِ کوتاه
هنوزم اولِ راهم

۴۲* لباسِ پاییز

بارونِ توی کوچه‌ها
پشتِ همین پنجره‌ها
تو رو به یادم میارن
با همهٔ خاطره‌ها

اون روزهـای اولِ سـال
کنـاره باغِ بـهاری
نم‌نمک جوونه می‌زد
عشـق، توی قول و قراری

اینو می‌دونم کـه می‌خوای
دوبـاره بیـای کنـارم
بین صـد تا گل و غنچه
خوش باشم که تو رو دارم

تو حوض ماهیـای مـا
سـتـاره‌ای جـز تو نبود
بـخـوام کـه آرزو کـنـم
بـیـای کـنـارم زودِ زود

ببین کـه طـاقـت نـدارم
چـه جوری درگیرِ توأم؟!
مـی‌جنگم بـا خودم ولی
ببـیـن کـه اسـیـر توأم

آسـمـون انگـاری بـازم
شـاهدِ غم‌های من بود
وقتی نیسـتی تو کنـارم
پاییـزم لبـاسِ تن بود

۴۳* عشقِ زمینی

یادمه گفتی که بی‌شک
مثلِ تو توو خواب من نیست
با تو بودن حتی امروز
تو حساب-کتاب من نیست

نه که روشن نه سیاهی
شایدم شبیهِ ماهی
هر چی هستی نمی‌دونم
اگه حتی یه گناهی!

هر چی باشی و نباشی
تو شدی شریکِ قلبم
شایدم صداقتت بود
که منو می‌کنه جذبم

منو درگیرِ یه اما
کردی و گفتی که یالا
یا خودت برس به دادم
یا من اینجام حالاحالا

منِ ساده، توی باهوش
شده عشقمون معمّا
همش از ذکاوتت بود
بشی عشقِ منِ بی ما

کاشکی زودتر بیاد اون روز
منو واقعی ببینی
من نه رؤیا و خیالم
با توأم عشقِ زمینی

٤٤ * حکم

یه حکمی داره دل‌تنگی
که تلخی‌شو نمی‌دونم
به جرمِ خاطراتِ تو
منم که گیرِ قانونم

سرابِ فکرِ تو هر بار
شده آتیش و خاکستر
توو سردیِ نگاهِ تو
منم مردابِ نیلوفر

برای تو اگه هر بار
نمی‌رفتی، نمی‌مردم
چقدر این خاطره تلخِ
که به اسمت قسم خودم

٩٤ * ماهی و شیوا

توی سـکـوتِ بـعد از تو
می‌سـوزم مثلِ یک سـیگار
تـو ایـن بـازیِ بـی‌تـکـرار
تـویـی خـواب و مـنـم بیـدار

همیشـه بـعدِ هـر خوبی
یکی می‌ره، پشـیـمونی
نـه می‌فـهـمی، نـه می‌دونی
تـوی تـنـهـایـی مـی‌مـونی

جـدایـی بیشـتـر از بـودن
رهـایـی خـیـلی آسـونـه
تـو رفـتـی و نـفـهـمیـدی
یـکـی دور از تـو داغـونـه

٤٥* من نخواستم که بشه

همش تعبیر تو از من
نگاه ساده و سرده
تمومه ارتباط ما
حالا دیگه پره درده

گفته بودی و شنیدم
همه حرفای تو رو
عقربه دروغ نمی‌گه
می‌چرخه رو به جلو

می‌خوای برگردی عقب
دلتو می‌سوزونه
جاده که امون نمی‌ده
همسفر خوب می‌دونه

ولـی انـگـاری تـمـومـه
فصـلِ مـا زمسـتـونـه
ایـن بـهـار بـرای مـا
حسـرتِ یـه بـارونـه

من نخواسـتـم کـه بشـه
تـهِ قصـهـمـون دراز
مـن نخـواسـتـم زنـدگی
بشـه از سـرِ نـیـاز

من می‌خوام که سـرنوشـتـم
پیشِ تـو راضـی بشـه
هـمـهی حـرفـایِ مـن
یـه روزی عـالـی بشـه

٤٦* آرزو

همیشـــه از تو گفتن و
تو زنـدگی بلـد شـــدم
با هر کســـی بدی‌تو گفت
بـه‌خـاطرِ تو بـد شـــدم

بـا اون نگـاهِ عـاشـــقـت
توی غبارها گم می‌شـم
تـوی روزهـای بـارونـی
بـدونِ تو تموم می‌شـــم

حرفای خوب، حرفای بد
گوشـــم از این چیزها پره
بـرای من بـه جز خودت
کســـی بـه درد نمی‌خوره

یـه عـالمـه روزای خوب
سـاختی که امروز برسـه
نـفـهـمیـدی دلم همش
بـرای تـو دلـواپسـه

وقتی که باشـی همیشـه
بـرای تـو قصـه دارم
روزای خـوب و گـفـتنی
بـی‌تو ولی غصـه دارم

بـرای هـمیشـه بمون
بزار کـه از تو نو بشـه
لـبـاسِ زیـبـای تـنـم
شـبـیـهِ آرزو بشـه

٤٧ * دل‌خوشی‌های کوچک

اگر گاهی دلت لرزید
نگاهی کن به این دنیا
رها کن از خودت هر چی
که می‌شه بد به حالِ ما

من و تو هر دو تب‌دار و
یه جای زندگی خسته
یکی‌مون ساکت و مجروح
یکی‌مون از نفس رفته

یه جا روشن، یه جا تیره
دیگه چیزی مساوی نیست
میونِ بودن و رفتن
دیگه هیچ انتخابی نیست

برای حالِ این روزها
چقدر باید بها پرداخت
جوونی بر نمی‌گرده
مگه می‌شه دلی هم داشت

برای قصه‌ی شادی
واسه روزای دل‌تنگی
ته این جاده‌ی تاریک
پره ریگ و دلِ سنگی

هنوزم می‌شه باشیم و
یه نوری از سحر باشه
گاهی نور توی تاریکی
می‌تونه بی‌اثر باشه

۴۸ * غروبِ دل

سـراب ِ نـقـش ِ روی تو
دلم رو کرده مثل ِ سـنگ
حـالا انـگـاری آیـیـنـه
نمی‌بینـه منو قشـنگ

روتـو ازم مـی‌پـوشـونی
منـی کـه مـحـرم ِ توأم
بـعـد ِ تـمـوم ِ اون روزا
چـیـزی نـمی‌مونـه بگم

مـیـای و می‌بری دل رو
تو پسـتوی خرابـه‌ها
انگـار دلت نخواسـته که
آبـاد بشـه کلبهٔ مـا

یـه عمره کـه بـه جـای تو
قیـدِ خـودم رو مـی‌زنم
بـرای دل‌خـوشـیِ تـو
از رؤیـاهـام دل مـی‌کنم

بـه اعتـقـادِ تـو دلـم
به قبله راهشـو سـپرد
تـا تـوی زنـده بـودنـم
ببینی بـازم می‌شـه مُرد!

می‌شـه که توی هر خزون
بهارو دیگه نشـناسی
بـگیری رنگِ هر غروب
نمونـه دیگه احسـاسی

٤٩ * همسفر

نـه عشـــقی و نـه رؤیایی
فـقط ســـوء تفـاهم بود
که ما عاشـــق شـدیم اما
یه حسی این وسط گم بود

شـــبیهِ اون ســرابی که
نشـــسته توی رؤیامون
نـه می‌بینی نـه می‌فهمی
یـه ابـهـام داره فردامون

یه ضـربه پشتِ هر ضربه
یـه بغضــی توی تنهایی
نشـــسته تو گلوم شاید
می‌ترســـم کـه تو باهامی

نـه می‌تونـم، نـه می‌تونی
نه می‌خوایم و نه می‌مونیم
یه حسـی که شـده عادت
ما از هم چی رو می‌دونیم

گـل‌هـای تـوی گلـدونم
انگـار چنـد وقتیِ مُردن
نـدارن حس و حـالی کـه
دلِ هـر کـی و می‌بردن

نشـد همسـفرم باشـی
مـا راهو اشـتبـاه رفتیم
کنـارِ هـم بـودیـم امـا
همیشـه دورِ دور هسـتیم

۵۰ * رفتی از دنیام

بیـا و تـو چشـام، غرورمـو ببین
اگـه نـفـهـمـیـدی، دلـتـو پس بگیر
نخواسـتـی یه شـبم، با تو شـروع بشـه
زود اومـدی ولـی، برای من چـه دیر

تمومِ دلخوشـیم، ثانیـه هر لحظـه
بـا هـر نـفـس بـا تو، شـبیـه آوازه
وقتـی کـه دارمـت، مثـلِ عقـابیـام
بـزرگ و پـر شـکـوه، تو اوجِ پروازه

نیسـتـی و خاموشـن، همه سـتاره‌ها
چشـای تاریکم، محوه تووی شـب‌ها
نگو نپرس ازم، کـه سـرد و بی‌روحم
تـو کـه نـمی‌فهمی، دردِ منو اینجـا

می‌سازم از تو من، آهنگِ عشـقمو
یـه شـعر نا تموم، گوشـه این خلوت
تـمـومِ دفتـرم، از اسـمِ تـو پـره
نوشـتن از تو کـه، برام شـده عادت

نگو تموم شـده، تازه شـروع شـده
زنـدونِ تنهـایی، مثـلِ جنون شـده
همیشـه این آوار، سـهمِ دلِ منـه
واسـم روزای بد، شـبیه خون شـده

گفتم کـه بـا تو یـک، دنیـای دیوونه‌م
یه جای امن و خوب، همیشـه آرومم
نگفتی می‌ری و تنها می‌شـه دنیـام
فکر و خیالِ تو، پر می‌شـه تو و خونم

۵۱* ستاره بیقراره

یـه خـونـه رو تـنِ جـاده
پشـتِ پیچک‌های مجنون
پنـجره بـازِه به بـاغ و
تـوی سـرمای زمسـتون

روی اون درخـتِ کـهـنـه
گـوشـه حیـاطِ خـلـوت
اسـمِ تـو نـوشـتـه بـودم
یـه روزی از سـرِ حسـرت

فکـر مـی‌کـردم بـر مـی‌گـردی
امـروزم یـه جـور دروغـه
گـوشـه تنهایـی‌هـامـون
یـه روزی شـلـوغ پلـوغـه

ولی انگاری که راست بود
دلِ تو اونی که خواست بود
یه جایی گوشه‌ی این دل
حسرتی از سرِ باخت بود

تو رو هرگز نشناختم
هر چی بودی و نبودم
با تو خالص و صمیمی
بی‌تو هر روز سوت و کورم

حیفِ اون شب‌های تاریک
زیرِ نورِ هر ستاره
که همش بهم می‌گفتی
بی‌تو حالم بی‌قراره

۵۲* شروع این احساس

شــروع غصـــه‌مـون بـا هــم
یـــه رؤیـای خـیـالـی بـود
عـزیـزم ایـنـو فـهـمـیـدم
کـه بـا تـو هـر چیزی عـالی بود

نـدیـدی و نـفـهـمـیـدی
چـه احـسـاسـی بـهـت دارم
اگـه مـی‌بـیـنـی وابسـتـه‌ام
واسـه ایـنـه دوسـتـت دارم

یـه حـالـیِ دارم ایـن روزا
کـه بـا خنـدهت دلـم مـی‌ره
نـمی‌دونـم کـه این عشـقـه
یـا حسـیِ کـه تـقـدیـره

ولی هر چی که هست خوبه
یه دنیا پیشِ رومونه
بدون اینو که قانونه
دلم پیشِ تو می‌مونه

دلم می‌خواد توی فالم
تو باشی بختِ امسالم
تو این جاده طولانی
بشی رفیق و همراهم

اگه دنبالِ احساسی
از هر چی جز تو بیزارم
تو اون چشمای الماست
یه دنیا آرزو دارم

ماهی و شیوا ٭ ۱۱۱

۵۳* چراغ خاموش

یه روزی رفتی و گفتی
دیگه پیشِت نمی‌مونم
حـالا اومـدی دوبـاره
می‌گی بد جور پشیمونم

حسـرتِ یک تک چراغ و
تو شب‌هام گذاشتی رفتی
تـا کـه اومـدم بـجنبم
زدی قلب مو شکستی

همیشــه روزهای رفته
می‌دونـی بـر نمی‌گرده
زندگی عشـق و جنگِه
همـش در حالِ نبرده

زنـدگـی قشـــنـگِ امـا
بـا کـی دنـیـا تـو بسـازی
عمـری کـه بـر نمـی‌گـرده
بـا کـی بـاشــی کـه نبـازی

مـن واســــه رهـایـی از تـو
واســـه اون چـراغِ خـامـوش
واســـه اون لحظـه کـه انگـار
تـو رو مـی‌کـردم فـرامـوش

چـه شـــب‌هـایـی و نـدیـدم
تـو دلـم همـیشـــه غم بود
خورشـــیـد انگـاری سـفر بود
بـی‌تو شـــادی خیلی کم بود

۵٤ * چرخ و فلک

کلِ شـــب و روزهـای مـن
هـمـهـمـه‌ی تـو رو دارن
از صـفحه سـیـاهِ شـب
سـتـاره پایـیـن مـیـارن

نـگـو کـه اولـیـن قـرار
بـرات مثلِ یـه قصـه بود
نـگـو کـه هـر ثانـیـه‌ای
فقط بـرات یـه لـحظـه بود

چشـــات و هـمـراهی می‌کرد
اون آخـریـن نـگـاهِ مـن
مـنـتـظرت بـود کـه بـگی
تـویـی تـمـومِ راهِ مـن

ولی نگفتی و من و
اینجا گذاشتی بمونم
تو هر شرایطی بودم
چشمات و بستی می‌دونم

حالا همون کسی شدم
که روز آخر تو بودی
تو همهٔ تنهایی‌هام
رفتی و گفتم بد شدی

بازی سرنوشتِ که
یه روز می‌زاری که بره
یه روز دیگه اونو می‌خوای
نباشه، می‌شه خاطره

۵۵* دیوار

اون طـرف‌تـر تـهِ جـاده
یـک مسـافر داره می‌ره
واسـه من راهی نمونـده
واسـه برگشـت دیگه دیره

تکیـه دادم بـه یـه دیوار
ولی سُـسـتـه زیرِ پاهام
انگاری جون تو تنم نیست
چـه غـریبـه بی‌تو فردام

تـوی خـاطراتِ شـیرین
دنبـالِ بـهونـه هسـتم
تو نـمی‌دونی نبـاشـی
دلـو رو بـقیـه بسـتم

با تو آسـمونِ بی‌روح
مـثـلِ پـروازِ پـرنـده‌س
توو دلم همیشـــه جاتـه
تو که باشـــی یه برنده‌س

ولی تو نگـفتـه بودی
که دلت یه جای تازه‌س
وقتِ اون غـروبِ پاییز
دلت همراهِ یه سایه‌س

خوشـــی‌هـامون بی‌دوام و
زنـدگی‌مون یـه دروغـه
توی تنهایی نشـــسـتیم
اسـمشـه دورت شـلوغه!

۵۶* گلِ من

تمومِ شــب یــه آواره
که ثبت می‌شـه همین لحظه
بـرای تـو، بـرای مـن
چـقـدر جـدایـی بـی‌مرزه

یـه روزِ ســاکت و غمگین
یـه جایـی کـنجِ این غربت
نشســتم گوشـه‌ای شـاید
بشـم آروم تـوو ایـن خـلوت

تـمـامِ آرزوهـامـو
هـمیشــه دردو دل کردم
یه جایی تـهِ این بن بست
یـهـو دیـدم خـودِ دردم

نگفتی می‌ری و شاید
بمیرم توی تنهایی
نگفتی من تموم می‌شم
ندارم بی‌تو رؤیایی

ولی رفتی و من اینجا
به یادِ تو هنوز رو پام
برای بودن و رفتن
یه ساحل دور از این رؤیام

گذشتی از نگاهی که
واست هر لحظه روشن بود
اونی که داغه رو سینم
گلی بود و یه سوسن بود

۵۷ * عسل

یـه روز می‌فهمی مثلِ من
واســـه تو پیـدا نمی‌شـــه
توی روزهـای خوب و بـد
دل ازت جـدا نمی‌شـــه

تـو مـثـلِ خـونی تو تنم
فکـر نکنی یـه عـادتی
عـزیـزم واســـم خـدایی
تـو خـودِ عـبـادتـی

یـه روزی از چشـــمای تو
یـه منظره سـاختـه بودم
بـه جنگلـای اون نگـات
مـن دلـمو بـاختـه بودم

چـه شـــروعِ خـوبی داره
بـا تـو این روزهـای من
تو مثـه همون نسـیمی
رو تـنِ هـوای مـن

تو خیـالی یـا کـه رؤیـا
اسـمشـو نـمی‌دونـم
ولی هر چیزی که هسـتی
بـی‌تو من یـه دیوونـه‌م

سـرنوشـــت من و تو
مـثل شـــعـر و غـزلِ
مـی‌شـینـه توی کتـابـا
عشــــق‌مون میشــه مَثلِ

۵۸ * عهد

توو چشـــمـای مهربونـت
دیگـه شــادی نمی‌بینم
می‌گی که از سرت گذشته
خیـلی وقتـه من همینم

ما از اون روزهای روشـــن
یـه عالم خاطره داشــتیم
واســـه دلتنگی و نفرت
دیگـه جایی نمی‌زاشــتیم

تـا یـه روزی جغد بدخواه
اومـد و حـالِتو بـد کرد
سایه شـومِشـو انداخت
بینِ ما دو تا رو سـرد کرد

رنگِ روشنیِ چشـــمات
دیگـه تـاریـکِ همیشــه
واســه من بدون که دیگه
کســی مثلِ تو نمی‌شــه

ســـفرِ دوتـایی‌مـونـو
تنهـایی گـذاشـــتی رفتی
قول‌هـایی کـه داده بودی
یه شـــبه زدی شـکسـتی

ولی من واســـت همونم
اینجـا منتظر نشـــســـتم
تا بیـای بـگی دوبـاره
عهدمون رو نشـــکســـتم

۵۹* قسمت و سرنوشت

این روزا هم می‌گذره و
زمستون هم تموم می‌شه
بهار میاد توو کوچه‌مون
عطرش می‌مونه همیشه

اون وقت من و یادت میاد
تازه می‌فهمی چی می‌گم
اون همه دردهای منو
شاید که فهمیدی یه کم

کاشکی که اولین قرار
با تو همه چی عادی بود
کاش به جای روزای بد
تو زندگی‌مون شادی بود

دلیـل اون حسِ عجیـب
انگـاری احسـاسِ منـه
انگار که دوست داشتنِ من
چنگی بـه دل نمی‌زنـه

هر چی که بود گذشــته و
می‌گذره از ما دور می‌شــه
خـاطره‌هـای خوب و بـد
دوبـاره از نو جور می‌شـه

خـاطره‌هـای بعـد از این
دلـمـو آتیـش مـی‌زنـه
بـیـن هـمـه‌ی آدمـا
یکی دیگـه قسـمتمـه

۶۰* به‌خاطر بسپار

تـوی این روزهـا نگفتی
چـه جـوری کـم نیـارم
تـو نگـفتی کـه بری
جـای تـو کـی و بـزارم

مـی‌دونـم بریـدن از من
واسـه تـو چـه راحتـه
ولی دوریـت واسـه من
یـه دردِ بـی‌نـهایـتـه

واسـه من یه آسـمونی
نگـو کـه یـه عـادتـی
هـی نگـو بینِ من و تو
دیگـه نیسـت عـدالتی

همـه حرفـات واسـه من
هم دیگـه تکـراری شـده
اون همـه حس قشـنگم
خـودِ بیـزاری شـده

تو نزاشـتی کـه بمونـه
همـه روزهـای قشـنگ
تو نخواستی که یکی شیم
شـدی حالا مثل سـنگ

ولـی اشـکـالی نـداره
تـو داری یـاد مـی‌گیری
درسِ زنـدگـی ایـنـه
دیگـه یـادم نمـی‌ری

۶۱* معجزه عشق

شب همه شب برای تو، ببین چگونه می‌شود
که ماهتابِ این ماه شبی روانه می‌شود
نورِ دو چشمانِ تو از خاطرِ نرگس نرود
که شاعرِ شعر و غزل، پر از بهانه می‌شود

در طلبِ نگاهِ تو، همسفرِ ستاره‌ام
به موی یلدایی تو، چنگی چنین نشانه‌ام
عازمِ قصه‌های من، آرامِ جانِ من شدی
در پیله‌های انتظار، نظر کنی پروانه‌ام

که این زمستانِ مخوف، با تو بهاری می‌شود
در طلبِ نشانه‌ای، سمتِ تو راهی می‌شود
دستِ مرا بگیر و از، واله‌ی خود گذر مکن
که این گدای عشقِ تو، با تو چه شاهی می‌شود

با دیدنت زنده شده، در دلِ امیدِ مردگان
دلی که پَرپَر زد و رفت، آمده با شور و نشاط
پروانه‌های رنگی و، شمع و گلِ اقاقیا
کنارِ تو قشنگ‌ترین، واژه زیبای حیاط

همیشه با دیدنِ تو، باتو جهان رنگ دیگه‌ست
بینِ گلای رازقی، با تو بهار جای دیگه‌ست
نشد که بارون بزنه، آتیش و خاموش بکنه
عشقی که توی دلمه، با تو شبیه معجزه‌ست

روزای بد روزای خوب، همش یه اسمِ واسه من
وقتی که تو کنارمی، آسمونم جور دیگه‌ست
خودت می‌دونی که برات، شبیه پروانه می‌شم
تو اون چشمای عسلیت، می‌میرم و زنده می‌شم

۶۲* نقش و نگار

تو سِــرِّ خواب‌های من و
مـن از تـو بـی‌نهـایـتم
تا کـه به دادم می‌رسـی
شـیـریـن‌تـریـن روایتم

نقش اسـت و رؤیا و غزل
بر بوم و رنـگ و منِ من
رؤیـا هم واقعیت اسـت
بر من و مـاه رنگی بزن

جـادوی ایـن خـوابِ مرا
نقشـی روایـت می‌کنـد
حادثـه‌هـای نیک و بد
مـا را هـدایـت می‌کنـد

این آسـمانِ نقش و شـعر
در هر زمـان دل می‌برد
بـارانِ هـر تـرانـه را
بـه صـد خرامان می‌خرد

واژه بـه واژه هـر کـلام
حکـایـتِ جـان و دلـی
شـاید که آسـان نشـود
حلّـالِ هر خـاک و گِلی

طبـعم سـفرهـا می‌رود
بر دشـت و گل‌های بهار
آنجـا کـه هر بهـانـه‌ای
مرا دهـد دسـتِ نگـار

۶۳* بی‌تو جایی نداشت

یـه تقویم کـه هر روز ورق می‌خوره
یکـی جـای خـالیش همیشـــه پره
یکـی مثـلِ من تـوو دلش خـالیـه
یکـی مثـلِ تـو نیمـه راه می‌بره

یـه سـایـه شـده همنشـــینِ دلم
نـه می‌شنـاسـمش، نـه دوره ازم
یکـی کـه خیـالش مـنـو می‌بره
بـا حس‌های دیگـه فرق داره یه کم

یـه عـاشـــق نـداره هیچ وقت ادعـا
چشـــاشـو می‌بنده رو دنیا برات
نـه می‌شـــه بمونـه، نـه اینکـه بره
شک نکن که هیچ‌کس نمیاد به جات

توو چشماش یه تصویر ازت حک شده
مسـیرش به سـمت تو راهی شده
امیـدش شـدی، نـا امیـدش نکن
که این قرصِ کامل چه ماهی شده

دلِ عاشـق از عشـق گلایه نداشـت
چه خوب و چه بد هیچ کنایه نداشت
یه شـب مستِ تو بودم و مستِ عشق
که رؤیا تو شـب پیشِ من جا گذاشت

بـرای رسـیـدن بگـو حـاضـری
کـه جز این خیـالم تمـامی نداشـت
یه شب دادِ دوری، یه شب دردِ عشق
کجـایی که دل بی‌تو جایی نداشـت

٦٤ * پرواز

هر چی خواستم که بمونی
رفتی، دیدم نمی‌تونی
توو دلت یه جای دیگه‌ست
فکر می‌کردم مهربونی

همیشه اول قصه
همه چی خوب و قشنگه
حتی شب دیگه سیاه نیست
آشتی، بعدِ هر چی جنگه

مثلِ یه آیینه روشن
مثلِ کوه بلندی اما
خوب و بد هر چی که باشه
تو می‌خوای بری تا رؤیا

عشـــق کارِش اعتـمـادِ
اعتـماد یـه جور قـمـاره
عشـــق، برد و بـاخت نداره
مقصـــدِش فقط یـه راهـه

خـاطـرات بـرگِ بـرنـده
دور شـــدن یـه جور معما
اسـم شـو می‌زاری تقدیر
مـی‌ری بـه امـیـد فـردا

مـی‌گـی روزِ خوب تو راهـه
غـافـل از امـروز و حـالـت
دلـتـو مـی‌دی بـه فـردا
اوج بـگـیـره پـر و بـالـت

٦٥ * با خیالِ تو

من و دَمدَمای صـبح و
بارونای پشــتِ شـیشـه
فصـلِ پاییزِ یـه ذهنی
که نشـسـته بود یه گوشه

بـاز نوشـتیم روی کـاغذ
حـرفای نگفته‌ای کـه
مونده بود توی سـکوت و
بارونی کـه از تو می‌گه

می‌دونم خیلی گـذشـتـه
شـایـدم دیگـه نباشـی
اونـقَـدَر دوری کـه حتی
نـمـی‌دونـم تـو کجـایی

کلی حرف مونـده که باید
تـوی شـــعرام بنویسـم
من خودِ بغضـمو هر بـار
بی‌تو بـارونی و خیسـم

می‌دونم واسـه تو حتی
نـه خیـالم، نـه کـه رؤیـا
تـوی پس‌مونـدۀ ذهنـت
شـایـدم شـدم معما

هر چی هسـتم نمی‌دونم
بـی‌تـو امـا نـمـی‌تـونـم
سـردمو یه گوشـه اینجا
تـوو خیـالِ تـو می‌مونم

٦٦ * سوخته‌دل

تو شـــتابان می‌روی
بر مـا گریـزی می‌زنی
تو بـه صـــدناز می‌نوازی
بـهـر دل نـی مـی‌زنـی

غـافل از عشـــقی و ما را
تا جـهـنـم مـی‌بـری
بر دلـم خط مـی‌زنی و
غـم بـه جانـم می‌خری

گر تو پاییزم شـــدی
بـهـرِ تو می‌جویم بهـار
شاید این گره‌گشـایی
بـاز شـــود ز دسـتِ یـار

شـــد زمسـتـان در بهـار
تـــار و پــودِ بـدنـم
مـرهمی نـدارد عشـــقی
کـه شـــده زخمِ تـنم

روزی یـــادم آوری
در حسـرتی از فرطِ راه
تـو نیـازم مـیکنی
سـردتر از هر اشـک و آه

دل کـه از غـم بـگـذرد
حالش زمسـتانی شـــود
آسـمـان هم در غمش
پاییـز و بـارانی شـــود

۶۷* زیادی

تـو بـرای مـن کمـی
یـا من زیـادم واسـه تو
کـه واسـه یکی شـدن
ایـنـقـده دورِ راهـه تـو

عینِ خیـالمـم نـبـود
یـه روزی عـاشـقی کنم
تـو ایـن دنیـای نـابلـد
بخوام کـه سـادگی کنم

تـو رو از دلـم کـه نـه
من از خدا خواسـته بودم
از هـمـه ایـن دنیـا فقط
یـه آرزو سـاخـتـه بودم

بعدِ اون همه خاطره
بهم خیانت می‌کنی
می‌ری و با یکی دیگه
بهم جسارت می‌کنی

می‌ری و می‌گی گذشته
این روزا رفتنی نیست
به خیالتم تمومه
دل که برگشتنی نیست

می‌ری و تنها می‌مونم
با همه خستگی‌هام
قیدِ عشق رو می‌زنم
تا که نیفته زیرِ پام

۶۸ * خاطره‌ساز

تو رسیدی اون شبی که
من نگام خیره به در بود
که دیگه راهی نبود و
چشام هر ثانیه‌تر بود

حالا اومدی رسوندی
من و به روزای آشتی
روزای رنگین‌کمونی
وقتی حس خوبی داشتی

دلِ من گرمه به عشقت
به چشای مهربونت
به روزای خوبِ با تو
که شده همش نشونت

واسـه من گل‌های گلدون
بی‌تو بـوییـدن نـداره
اگـه تو پیشــم نبـاشـی
عشـق که بوسـیدن نداره

دلِ مـن بـا تو یـکی و
دلِ تو پیشـــمـه حـالا
مـا می‌مونیم تا همیشـه
اینجـا یـا اون ور دنیـا

زنـدگی‌مـون بـا تـرانـه
می‌گیره نـت‌هـای تـازه
بینِ‌مون هر چی که باشــه
واسـه‌مون خاطره‌سـازه

٦٩ * بهاری شو

وقتِ خنک‌های بهار
شــکـوفـه‌هـا هـزارهزار
غـمِ زمســتـونـی بره
از تــو دلای بـیـقـرار

صــدای بلبـل و نســیـم
عطر گلای اطلســـی
قاصــدک‌ها خبر میدن
درداتو نگی بــه کســی

شـــادی بشــینـه تو دلت
دور بشـی از چشـمِ حسود
غصــه‌هـاتو بـه آب بگو
کـه بـا خودش می‌بره زود

آسـمونِ بـالا سـرت
همیشـه آفتـابی بـاشـه
به جای تاریکی، شـبها
همیشـه مهتـابی باشـه

کـدورتـا تـمـوم بشـن
دوسـتیها موندگار بشـه
آروم بگیـره زنـدگیـت
دشـمن کنارت خار بشـه

برقص کـه قـانونِ بهـار
نگاه تو چشـمهات میکنه
بـه هر طرف خیره بشـی
همون و واسـت میـاره

۷۰* قدم‌های خسته

دوباره مـی‌باره بـارون
رو دل‌هـای کـاغذی‌مون
یـکـی مـثـلِ مـنـه بی‌تو
کـه دلش نـداره قـانون

انگـار آسـمون می‌دونـه
کـه دلـم خیلی گرفتـه
کـه یـه جا ترانـه‌هـامو
بـه گوشِ ابرها رسـونده

گـفـتی می‌ری و تمومـه
بینِ مـا هر چی کـه بوده
همـه حرفـایی کـه گفتی
نـگفتی! یـادم می‌مونـه؟

نگفتی شــاید یــه روزی
بـخـوای برگردی دوبـاره
یا دلت تنگ بشــه واسـم
رفتن کـه کـاری نـداره

من و این ســایـه‌ی اندوه
یـه طرف سـیاه و کم‌نور
یـه طرف اسـیرِ غصـه
یکی اینجـا، یکی از دور

مثلِ یه قابِ شـکسـته
زخمی از راهی که بسـته
دیگـه برگشـتی نـداره
قدم‌های ســرد و خسـته

۷۱* من هنوز اولِ راهم

دوباره می‌خوای شروع شه
حالِ خوبم زیر و رو شـــه
یه روز عاشقی، یه روز قهر
دلم بـا تو روبـه‌رو شـــه

منِ خوش خیـالم اینجـا
واسـه تو رؤیا بسـازم
تـو بگو بـا چـه امیـدی
بـه تـو دنیـامو ببـازم

عطرِ تـو بپیچـه اینجـا
بـره تـو عـمـقِ وجـودم
تـو هنـوزم، نمی‌فهمی
واسـه تو چقدر حسـودم

بعدِ من بری و حتی
واستم مهم نباشه
همهٔ حسِ لطیفم
توی قلبت جا نباشه

همیشه اونی برنده‌س
که دلش با یکی دیگه‌س
نمی‌شه هر دوتا عاشق
عشق مثلِ آتیش و پنبه‌س

من گرفتارِ گناهو
شایدم عاقِ یه آهم
که تو این مسیرِ بن‌بست
هنوزم اولِ راهم

۷۲ * نشانی

توی دشتِ خواب و رؤیا
من رسیدم به حقیقت
یه شبِ پر از ستاره
یه دلی پر از محبت

توی چشمـای تو دیدم
همهٔ آرزوهامو
غیرِ زیبـایی حرفـات
که ندیدم تو صداتو

تو همـونی که پرنـده
توی موهـات لونه می‌کرد
توی زیبـایی چشمـات
این دلم که خونه می‌کرد

تا شدی عشـقمو رؤیام
پـر کشـیـدی توی ابرا
فـکـرشـم نـکرده بودم
قلـب تو بگیره سـرما

یـه روزی از بـدِ روزا
شانسِ من یهو عوض شد
بـی‌غـرض بودم و خوبیم
به چِشِـت پر از غرض شو

حـالا رفتی و من این جا
سـراغِ تـو هی می‌گیرم
بـیـنِ آدمـا مـی‌گـردم
یـه نشـون ازت بـگیرم

۷۳* عمر و سرنوشت

هـر سـفـر بـا هـر تـرانـه
داره عـطـر و بـوی تـازه
اونـجـایـی کـه خـاطـراتـت
گـاهـی خـوب و دلـنـوازه

یـه روزی گـرم و صـمـیـمـی
یـه روزی خـسـتـه از عـالـم
روزای نـو پـیـشِ روتـه
بـاز مـیـشـه هـوای ایـن دم

آسـمـون مـثـلِ مـن و تـو
شـب و روزشـم قشـنـگـه
تـوی روز پـره امـیـد و
سـهـمـش از شـب، دلِ تـنـگـه

نـخـور افـسـوسِ روزایـی
کـه دیـگـه بـر نـمـی‌گـرده
بـدو خـوب هـمـین قشـنـگه
نـگـو دنـیـا پـره درده

شـادی و غـم نـمـی‌مـونه
هـمـه حـرفـا گـذریـه
هیـچـی جز خودت مهم نیسـت
عـمـرِه کـه زود داره مـی‌ره

تـوی لـحـظـه زنـدگـی کـن
کـه گـذشـتـه دیـگه رفـتـه
فـردا رو کسـی نـدیـده
بـد و خـوب ایـن سـرنوشـتـه

٧٤ * آواز بارون

توی چشـــمـای نجیبـت
یـه بغـل ســتاره دارم
توی تاریکیِ شــبـهـام
تـو بـاشـــی کم نمیـارم

دلمـو دادم بهـت رفـت
اخـتـیـارشـــم نـدارم
ولـی تو مـراقبش بـاش
تو کـه بـاشـــی غم ندارم

یـه بغل امیدو هر شــب
تو بـه خوابِ من میـاری
اون جـایی کـه نـاامیدم
تـو واســـم کم نمیزاری

چی دیگـه بهتر از اینکـه
بـا تو دنیـا مالِ من شـــه
ایـنـکـه پیشِ منی الان
زنـدگیم بهـاری مـی‌شـــه

مـی‌دونم تو هم می‌دونی
این همه حسِ قشـــنگ و
واســـه هم کم نمی‌زاریم
یـه قدم من یـه قدم تو

بـا تو من مثـلِ یه میخک
تـوی گـلـدونِ حـیـاطم
بـا تـو آوازِ یـه بـارون
اوجِ خوش‌رنگِ صـــداتم

۷۵* همیشه عاشق

شـــب و مـاه نقرهای‌مون
گریـه‌هـای الکی‌مـون
هر دو روبه‌روی سـاحل
خنده‌های سـرسـری‌مون

یکی از ما هنوزم هســت
تـوی رؤیـای خیـالـی
زیرِ لـب ازت می‌پرسـه
عزیزم تو در چـه حـالی؟!

آســمـون دلـم گـرفتـه!
یـه جا ابره، یه جا غصـه
همـه از همدیگه خسـته
انگـاری بـاد مـا رو برده

یه شبه شدی غریبه
یه شبِ سردِ زمستون
یه جایی که آرزومون
مارو کرد بی‌سر و سامون

من و سر سختیِ حرفات
اون نگاهِت زیرِ چشمی
این روزا که با نبودت
همه دنیامو گرفتی

دلِ تنها و صبورم
بی‌تو دنیایی رو کم داشت
بی‌تو این همیشه عاشق
تو دلش حسابی غم داشت

۷٦ * رفت

آسـمـون! دلـم گـرفتـه
از هـمـون روزِ جـدایـی
وقتی می‌رفتی کشـیـدم
از تـه دلـم چـه آهـی

دلـمـو بـردی و رفتـی
بـدی، رسـمِ روزگـارِ
روزای خـوب نـمی‌مونـه
ایـن جدایـی مونـدگـارِ

مـی‌دونـم بـر نمی‌گردی
زنـدگـی‌مـو دوره کـردی
اومـدی گفتی کـه می‌رم
یـه روزی اما به سـردی

من همیشــه توی چشمات
عکسِ چشــــمامو می‌دیدم
فکر می‌کردم که درســـته
حرف‌هایی رو که شـــنیدم

ولی همش یــه دروغ بود
انگـاری یـه خواب و رؤیا
مثـه حرف‌هـای نگـاهت
یـه سـؤالِ یا یـه معمـا

حـالا کـه دوری و رفتی
یـه روزی آروم مـی‌گیرم
یادت باشـــه که می‌گفتی
بـی‌تو من جـایی نمی‌رم

۷۷* روایتِ مجنون

من همان گمشده‌ام که
در تو پیدا می‌شوم
در میانِ عشق و نفرت
با تو شیدا می‌شوم

در هوای تو چنانم
که سحر خو کرده با من
بی‌تو جانا بی‌امانم
گر تویی این جان و تن

گر بهشت با تو نباشد
در جهنم با تو آیم
عشق معنایش توهستی
بی‌تو بی‌نام و نشانم

در هـوای شـعرِ مـجـنـون
دل کـه بـارانـی شـود
آسـمـان از شـب بیـفـتـد
تـا دلـم راضـی شـود

اینکه می‌خواهـم تـو بـاشـی
آرزو نیـسـت، حسـرتی اسـت
گـر تـو بـر مـا مبـتلا شـوی
حـرف نیـسـت، روایـتی اسـت

راه عـاشـق بـس زیـاد اسـت
از ازل تـا بـی‌نـهـایـت
نـاتـمـام اسـت قصـه امـا
شـرحِ عشـق اسـت، این حکایت

۷۸ * راهِ بن‌بست

همیشه یه جای خالی
ردِ پای یه نفر هست
که بره تو خاطرات و
لحظه‌های رفته از دست

مثلِ یک درختِ خشک و
یه هراسِ رفته از یاد
می‌ره تا عمقِ وجودت
لحظه دردِ یه فریاد

با صدای نعره رعد
بارون‌های پشتِ این ابر
می‌گن آسمون گرفته
نمی‌شه هوایی بهتر

عمقِ زخم‌هـای مـن و تـو
شـده عـادتِ هـمـیـشـه
مـثـلِ نـیـلـوفـر و مـرداب
دوری از هـم، مـگـه مـی‌شـه

تـو نـبـودی و نـدیـدی
قـلـبـی کـه بـعـد تـو یـخ زد
بـا تـو داغ بـود یـه زمسـتـون
بی‌تـو کـه هـر چـیـزی فـرق کـرد

مـن واسـه تـو مـی‌نـویسـم
ای تـویـی کـه رفـتـی از دسـت
دنبـالـت گشـتـم و بـازم
رسـیـدم بـه راهِ بـن‌بسـت

۷۹* بهشت

من از اون چشمای زیبات
شعرِ آسمونو ساختم
حالشـون اونقـدر عجیبه
کـه دلـم رو یهو بـاختم

تو ازم یه چیزی خواسـتی
که ازش نشـونه داشـتم
تـوی دنیـای نگـاهت
یـه عالم سـتاره داشـتم

حرف‌هـاتو زدی و گفتم
بـا تو حالِ من چـه خوبه
وقتـی نیسـتی مهربونم
بی‌تو هر جا سـوت و کوره

نکنـه بـری نبـاشـی
عشـــقمو از هم بپـاشـی
آسـمون بـا تو قشـنگه
وقتی با من هم‌صدا شـی

واســـه‌ی صـورتِ زیبات
یـه عـالـم تـرانـه گفتم
توی سرسبزی چشمات
بـا تـو راهمو شــناختم

مـی‌دونـم می‌مونی بـازم
مثلِ روزهـای گـذشــته
بودنـت مثلِ یـه رؤیـاس
بـا تو این دنیـا بهشــته

۸۰ * بی‌تفاوت

دلِمـو دادم بهـت رفـت
فکر می‌کردم که درسـته
گفتـه بودی اگـه باشـی
اتـفـاقـی نـمـی‌افـتـه

ولی بعدِ همـه حرفـات
یـه روزِ سـرد و غم‌انگیز
تـو بـهـارِ آرزوهـام
دلـمـو دادی بـه پاییز

نـمـی‌دونـم از کجـا بود
اشـتـبـاهـم ولی انگـار
هر چی پـای تو گذاشـتـم
تمومـه، نمی‌شـه تکرار

روزای تـاریک و روشـــن
همشـــون با تو گذشـــتن
حسِّ تو همش دروغ بود
عـاشـــقـی نـداره رفتن

آســـمـون گرفتـه بـازم
بـارون و بغضٍ و یـه ماتم
توی اون کوچهی بنبست
ســـرِ راهـمـی تـو بـازم

تو گـذشـــتی ولی انگـار
خـاطـراتـت نـمـیزاره
یکـی مـیره بیتفـاوت
یکـی دیگـه کم میـاره

۸۱ * ساحلِ سرد

به انتظارِ تو دیگه
این روزها معنی نداره
به شوقِ روی دیدنت
ابرِ که بارون می‌باره

نزاشتی توی لحظه‌هام
یه روزی آفتابی بشه
کنارِ حوضِ زندگیم
آسمونم آبی بشه

کاشکی می‌دونستی که من
توی غبارها گم شدم
بینِ زمین و آسمون
از توی دنیا کم شدم

هـر وقـت بـهـت رو مـیـارم
بـازم مـنـو بـازی مـیدی
ذوقـمـو تـو هـی مـیگـیـری
بـعـدش مـیزاری و مـیری

چـقـدر خـالـیام از تـویـی
کـه روزی عاشـقـت بـودم
تـو ایـن دنـیـای بـیرفـیـق
واسـه تـو هـر چی میشـدم

*حالا که میری دیگه من*شبیه سابق نمیشم*
*تو ساحلِ تاریک و سرد*واسه تو قایق نمیشم*

یـه روزی دوبـاره بـازم
می‌شــی هم‌نوای ســازم
دوبـاره بـارون مـی‌گیره
وقتِ گل‌بـانگِ نمـازم

خاطره می‌ســازه از نو
شـب و روزایی که داشتیم
بـاغـچـه‌ی آرزوهـامـون
بود گل‌هایی که می‌کاشتیم

پیشِ رومون یه شـــروع و
شـــوقِ حسِـــیِ که تازه‌س
حســرت گذشـــته‌هامون
روزای بـی‌خود و مرده‌س

همین امروز با تو خوبه
نه روزایی که گذشته
فردا رو کسی ندیده
یا که هرگز نشنیده

شروعِ یه فصلِ تازه
طلوعِ آرزوهامون
اولین شوقِ رسیدن
به همه بهونه‌هامون

توی سرسختیِ دنیا
آسمون بازم قشنگه
توی اوجِ نا امیدی
شب و روز هزار تا رنگه

۸۳* رقیب

باتو به هر بهانه‌ای
از همه دنیا می‌گذرم
به انتظار نشستن و
با تو به رؤیا می‌برم

یه آدمی یواشکی
تو دلم آواز می‌خونه
کسی که حس و حالم و
از همه بهتر می‌دونه

شب واسه من یه آرزو
کرد و به روم چشماشو بست
بختِ من از روزای بد
اومد تو زندگیم نشست

یـه روزِ سـرد و بـارونـی
پشـتِ نـقـابِ پنـجـره
نشـسـتـه بـودی روبـهرم
بـا یـه عالمـه خـاطـره

حسـرت و یـادم میـاری
که شـایـد آفتـاب بـزنه
خیسـیِ روی گـونـهـهـام
عـمـریِ هـمـدمِ مـنـه

❋دورم و دوری میکنم❋از این مسـافرِ غریـب❋
❋کسـی که پای رفتنم❋جامو گذاشت واسه رقیب❋

۸٤ * وقتی می‌بازی

من بـرای داشـتـنِ تو
قیـدِ رؤیـامـو زدم
یه روزی گذاشـتـی رفتی
گـفتی کـه خیلی بـدم

آرزوی آخـــرم بــود
بـمـونـی بـرای مـن
گفته بودم، عاشــقم باش
قیدِ این عشــقو نزن

ولـی حـالا داری می‌ری
بـی‌خیـالی مـی‌کنی
دلمـو می‌شــکنی و
با من چه کاری می‌کنی؟!

اینکـه یــادِ من بمونـه
عـاشــقـی یه جور دروغه
توی این روزای تـاریـک
ســادگی کشــکِ و دوغِ

مـیـرم از کـنـارت امـا
یـه روزی میـای دوبـاره
از ایـن آسـمـونِ ابـری
یـه روزی بـارون می‌بـاره

زنـدگی یـه روزی بـازم
تـو رو جـای من می‌زاره
با تو این دلِ شــکســته
دیـگـه امـیـدی نـداره

۸۵ * دوری

منو رد می‌کنی شـــاید
دوبـاره فرصـتی بـاشـــه
عزیزم دیگه ممکن نیست
مجـالِ صـــحبتی باشـــه

ایـنو می‌گم بـدونی کـه
همیشـــه تو دلم جا نیسـت
یه عاشــــق بعدِ هر ضـربه
شبیه قبل که رو پا نیست!

تـا دیـدمـت دلم لرزیـد
زمین دورِ ســـرم چرخیـد
گفتم اونِی کـه می‌خوامـه
نگـاهـت قلـبمو دزیـد

۱۷۶ * ماهی و شیوا

قبلِ تو هر کی اومد، رفت
برای من یـه بـازی بود
خیـالـم جـای مـن امنِ
نگو که صـحنه‌سازی بود

ولی حالا یه سَـــرخورده‌م
یه عاشـــق که دلش مرده
تـوی اون لـحـظـه آخـر
همه رؤیاش به هم خورده

بـرو ایـن دل بـرای تـو
دیگـه جـایـی نـمی‌زاره
نگو کـه بعدِ این دوری
دلم جـایی واســـت داره

۸۶ * قدمهای خسته

دوباره مـیباره بـارون
رو دلهـای کـاغذیمون
یکـی مـثلِ مـنِ بیتو
کـه دلـش نـداره قـانون

انگـار آسـمون میدونـه
کـه دلـم خیلی گرفتـه
کـه یـه جا ترانـههامو
بـه گوشِ ابرهـا رسـونده

گـفتی مـیری و تمومـه
بینِ مـا هر چی کـه بوده
همـه حرفـایی کـه گفتی
نـگفتی! یـادم میمونـه؟

نگفتی شـــاید یـه روزی
بـخـوای برگردی دوبـاره
یا دلت تنگ بشـــه واسـم
رفتن کـه کـاری نـداره

من و این سـایـه‌ی اندوه
یـه طرف سـیاه و کم‌نور
یـه طرف اسـیرِ غصـــه
یکی اینجـا، یکی از دور

مثلِ یه قابِ شـــکسـته
زخمی از راهی که بسـته
دیگـه برگشـــتی نـداره
قدمای سـرد و خسـته

این جهـان آموختـه مـا ز هر طرف
راســتی درسـی درسـت و بی‌غلط
بـا قـلم، شـعر هم‌نوایی می‌کنـد
می‌نویســد بیـت‌بیت و خطبه‌خط

بر نوای دل نشــیند ســازِ دل
هر کـه دل را خرجِ کـاری می‌کند
مزدِ نیکی را ســراسر شـور و شوق
در ســرایش رهسـپاری می‌کند

بـا توأم تنهـا نشــینِ شـهرِ غم
بـا تویی کـه در دلـت حاشـا نبود
هر چـه دوری جسـتی از دامِ بلا
بی‌نیـازی بود و هیچ ســودا نبود

مطلبِ دل هر که گفتیم و شـنید
در دلش عشـــقی و جـان می‌آفرید
عشـــق انکـاری نـدارد گر چه دل
از وفـاداریِ اسـت می‌آید پـدید

گر چـه عمری بـه هدر رفت تا دلی
خـرجِ هر بی‌ســر و پـایی نکنیم
بـا غـرور و ایســتـاده قامـتی
بـر درِ هـر کـه گـدائی نکـنیم

زشـــت و زیبـا را به دل تعبیر کنند
روز و شب، تاریک و روشن همه راه
عـابران بـا نیّـتی تعیین کنند
تـا بچرخد دورمان خورشــید و ماه

۸۸ * دل و جون

غروبِ چشـــمـای تو رو
ســاحـلِ دریـا نـداره
پیـچکِ انـدامِ تـو رو
گـلـی تـو دنیـا نـداره

عطرِ گـل‌هـای اطلســی
بوی گـل‌هـای پیرهنـت
نوازشِ دســـت‌های من
چـه خـوبِ روی بـدنـت

چشــامو کـه بـاز می‌کنم
انـگـاری رؤیـا مـی‌بینم
بـا دیـدنِ روی تـو مـن
یـه مـاهِ زیبـا مـی‌بینم

خرابِ خنده‌هاتـم و
گیـرِه دو چالِ گونه‌تم
یـه جوری اومـدی که من
دیـدم یـهـو دیـوونـه‌تـم

نگـاه کـه می‌کنی بـه من
دسـت و پامو گم می‌کنم
اونقـده عـاشـــقِ تـوأم
کـه بـی‌تـو من نمی‌تونم

بـی‌خـیـالـم نشـــی و
کـه بـی‌تـو بـودنـم بدِ
برای دوسـت داشـتنِ تو
عشـــق تـو از جون بلـدِ

۸۹ * مجنون

یـه روزی گریـه می‌کنی
توی همین خونـه بـه جام
هـمـونجوری کـه قلبمو
شـکسـتی گفتی، بی‌وفام

یـه جوری رک بهـت بگم
حـرفـامـو یـادت بمونـه
نگـاه کـه مـی‌کنی بهم
نگی یـه‌وقت پشـیمونه

یـه روز همین نزدیکی‌ها
دِلـتـو از رو مـی‌بـرم
فکـر نکـنی کم میـارم
نـازِتـو یک‌جا مـی‌خرم

چشــامو رو هم می‌زارم
تا که یـه معجزه بشــه
بـرم و بـرگـردم عـقـب
شــاید تو یه لحظه بشــه

حتی دیگـه یـادم نیـاد
یـه روزی مهربون بودی
تـوی تـموم لحظه‌هـام
یه عشــق نیمه‌جون بودی

مـن و تـو مثل خـاطره
شــبیه ابرها می‌مونیم
تـوی روزهـای بـارونـی
همیشــه تنها می‌مونیم

۹۰ * دل گو

دنیای من مثلِ تو نیست
اینجا برای من کمه
شبیهِ جون‌کندن و
هواش واسم یه ماتمه

دستِ خودم نیست که اگه
سرِ دو راهی می‌شینم
نمی‌دونم باید برم
یا اینکه عاشقت شدم

یه روزی گفتی آسمون
واسه تو خاموش نمی‌شه
گفته بودی اگه بیای
روشن می‌مونه همیشه

از بدِ این روزها نگو
که همه جا ابری شده
یه بغضِ تلخ و بارونی
دنیا عجب زجری شده

توی چشمام خیره شدی
واسه تو آیینه شدم
تا که به خودم اومدم
دیدم یه دیوونه شدم

هوای عاشقیِ من
با تو یه دنیای دیگه‌س
حتی شبیهِ رؤیا نیست
همونی که دلم می‌گه‌س

۹۱* مرگ تدریجی

تـمومِ شـــهر و می‌گردم
مـی‌دونم کـه تویی دردم
یه جاده پشـــت سـر رفته
من این راه و عوض کردم

روزای بـد چـه بی‌رنـگ و
مثلِ پرتابِ یک سـنگه
تـمامِ شـــهر و می‌گیره
نفس‌هایی کـه دل‌تنگه

نسـاختی بـا دلم رفتی
روزای خوبـمو کُشـتی
منی کـه از تو و اسـمت
نـدارم راهـه بـرگشـتی

هنوزم گاهی می‌تابه
شبای من چه بی‌تابه
توی فکرم که تو باشی
شبم از نور تو خوابه

یه عاشقِ غرقِ تنهایی
نداره دیگه رؤیایی
شبیه مرگِ تدریجی
نه امروزی نه فردایی

دخـتـرِ نصـفِ جـهـان و تـرکِ و آذری‌زبـانم
اهـلِ تهران هم کـه باشـم، ریشـه دارد رد پایم
یـک طرف البرز و زاگرس، قلـه‌هـای افتخـارم
از آرَسـبـاران و رودش هـم‌جوارِ نخـجـوانـم

فصـلِ پاییز و زمسـتـان، بوی گل به وقتِ باران
رقصِ گـل‌هـای بهـاری، تپـه‌هایی از گلسـتـان
چیـن‌چیـنِ دامـنـم را خـاکِ پـاکش می‌نوازد
خـان‌هی اجدادی ما خطه‌ای‌سـت در غربِ ایران

پنجـه‌هـا افتـان و کوبـان رقصِ توراجی و جیران
دسـت‌ها همچون عقابی بال گشـوده رو به پرواز
سـبکِ عاشـیـقش زند نرم در دل سـهندِ خاور
مـادِ کوچک روی نقشـه می‌خرامـد، وقتِ ایـاز

زنِ آذریِ ترک و رقصِ گل‌های شلیته
یاشـــماقی بر دهـان و اون نگـاهی کـه عمیقه
از قَجَر زنـان ترک و شـهریـار و شـعرهـایش
گـویـشِ تـاتی و ترکی، عهدِ تـاریخ و عتیقه

قهرمـانِ کودکی و ریشـــهـایش تـار و پودم
اولین اسـم، نـامِ بـابـا گفتم و بـاز شـد زبـانم
بر سرش پاپاق و بورک، تویِ رگ‌هانش خونِ بابک
مـی‌درد دشـــمـن ز جـانم، می‌زدایـد از دلم غم

قهرمـانِ قصـــه‌هـا و غصـه‌های بی‌نشـانم
از تبـارِ بـابـک امـا، قلـعـه‌ای دارد ز جـانـم
با صلابت، چون دلِ شیر، سایه‌اش افکنده خورشید
رمز و رازِ ملـکِ هسـتی معنیِ این آسـمـانم

گر زهجران ناامیدیم دوست در شب می‌شناسیم
ناکسـان را خشـم تازیم دور ز چشـم دشـمنانیم
دوسـتی بـه وقتِ یـاری، مردمـانی مهربـانیم
مـا همـه در خـاک ایـران از نـژادِ آریـایـیم

۹۳* سایه

سـایـه اگر بر ما شــدی
من سـایـه‌بـانـت بوده‌ام
بـر ایـن بـلـنـدای تو من
ثـبـتِ زمـانـت بوده‌ام

گر پـا بـه پـایـم آمـدی
مـن هـم کنارت آمـدم
هر دوی مـا یـک نفریم
بی‌تو نبـاشـد مقصـدم

ای هـمـراه و رفـیقِ مـا
تـلـنـگـرِ بـودنِ مـا
گـاهـی تو هم‌قـدِ منی
گـاهی شــبیهی بـه خدا

وعده‌ی خورشـــید و زمین
آیـیـنـه خـاکســـتـری
هـمـراهِ تـنـهـایـی مـن
تـو قـبـلـه‌گـاهِ آخـری

تصـــویـرِ آخـرِ تـو را
بـر سـرِ خـاک دیـده‌ام
تـا کـه بـه یـادم آوری
از کـی، کجـا بریـده‌ام؟!

ای کـاش رسـمِ روزگـار
جـدایـی و دوری نـبـود
عشـــقـی نه کم بود نه زیاد
قصـــه‌ای این جوری نبود

۹٤* جاده برفی

یـه اسـیـرم کـه اگـه بـی‌تو بمونم غلطِ
شـعرِ سـرزمینِ دسـتات واسـه من عبادتِ
منم اون کویرِتشـنـه وسـطِ مـاهی و دریا
که اگه واسـه تو رؤیاس، واسـه من صداقتِ

به کشـیدگیِ چشـمات و به سـرمه‌ی نگاهت
ازشـون نمی‌شـه رد شـد، که خودِ قیامتِ
بـه هزار عشـق و معمـا، اینو ثـابت می‌کنم
عشـقِ من آتیش و آهـه، نه فقط یه عادتِ

وقتی دریـا رو سـپردی بـه درخـت آرزوهام
شـعرِ لالاییِ دسـتات رو تنم جوونه می‌زد
توی چشـمام شـعله می‌زد، آتشِ رسـیدنِ تو
آخه عشـقم یه جنونه، وقتی که بگذاره از حد

یه جهانم در کنارت، سـرزمینی پُرِه رازم
می‌گذرم از این هیاهو، مرزی رو نمی‌شـناسم
تا بیای آروم بگیرن، گلای وحشـیِ این باغ
نمی‌شه یه روزی راحت، بی‌تو گیج و بی‌حواسم

از همون لحظه‌ی دیدار می‌رسـم ولی به خورشید
می‌دونم چه گرمِ بـا تو جـاده‌ی برفیِ پرپیچ
همیشـه راحتی داره، زنـدگی بـا بودنِ تو
بـا تو آدمِ جـدیـدم، نمی‌شـه آرزوهـام هیچ

۹۵* مشق‌های شیوا

می‌نویسد بر بومِ شب
دست به قلم، ستاره‌ای
از مشق‌های زندگی
تولدِ دوباره‌ای

مهتابِ ماه و سایه‌ها
آمیخته در صورتِ ما
هر سر فصل نشانه‌ای
از منو تو مانده به جا

با هم سفرها رفته‌ایم
هم را مدارا کرده‌ایم
بر تنِ کاغذ با قلم
واژه به یغما برده‌ایم

تا شاید این بونه ما
در دل کمی آرام شود
در ریگزارِ زندگی
آرامشی بر جان دهد

می‌رود این سوز و گداز
روزی به خاموشیِ ساز
آرام شود شکسته‌ای
بر سرِ دل در هر نیاز

ما بر فرازِ هر نسیم
در بادها روانه‌ایم
سماکنان در مطلبی
جان‌ها به دل سپرده‌ایم

٩٦* سردی

از دلـم بـا تـو مـی‌خـونـم
از تـو کـه نـامـهـربـونـی
نـه کـه امـروز و نـه فـردا
مـی‌دونـم کـه نمـی‌مـونـی

بـرای تـمـومِ حـرفـام
تـو بـخـوای دلیـل مـیـارم
جـای تـیـری تـوی قلـبـم
گـفـتـه بودی عشـق می‌زارم

«بـعـدِ اون دیـوونـه‌بـازی»
«چه‌جوری رد می‌شـی از من»
«دل‌شـکسـتـنـم گنـاهِ»
«دلی کـه بردی رو نشـکن»

تو همون جرمی که شاید
منو اشتباهی خواستی
تا که اومدم بفهمم
ازم یه دیوونه ساختی

سیرم از نبودت اما
با نبودِتم غریبم
می‌دونم یه روزی میاد
بگی مثلِ تو ندیدم

می‌گذره این روزها اما
تو دیگه برنمی‌گردی
خاطراتِ گرمِ مون و
می‌زاری بگیره سردی

«بعدِ اون دیوونه‌بازی»
«چجوری رد می‌شی از من»
«دل‌شکستنم گناهِ»
«دلی که بردی رو نشکن»

۹۷ * دوستی

رسمِ دوستی را ز هر حاشیه تعبیر می‌کنیم
از صـداقت می‌گریزیم، با دروغ خو می‌کنیم
مــا در این نا مردمی‌ها در درونِ خود گمییم
هر چه نزدیک‌تر شـویم خود بیشتر رو می‌کنیم

در میانـه، نـاخودی بر مـا تقـدم می‌کند
جای دوستی، همدلی، عقده‌گشایی می‌کند
معنی دوسـتی نـداننـد، نـارفیقـان و ریـا
سـهمِ صـاف و سـادگی، نامهربانی می‌کند

در لبـاسِ میش، گرگ و طعنه جای معرفت
گو به جای رازداری، شُـبهه‌سـازی می‌کنند
جای مرهم روی زخمی چه نمک‌ها می‌زنند
در نهایت بی‌تفاوت صـحنه‌سـازی می‌کنند

ای دریغا که دگر علاج این فاجعه چیست
که به صد گناهِ پنهان، رونمایی می‌کنیم
بر تنِ سرد و سپیدِ کاغذی بی‌ادعا
می‌نویسم بهرِ دل با خود چرایی می‌کنیم

خود به فرضی فاضل و بر دیگری خط می‌کشیم
در نگاهی بی‌تفاوت، خونِ او سر می‌کشیم
نارفیقان نیمه راه و دوستان در گذرند
تا بدانی سهمِ دل، تنهایی در بر می‌کشیم

کاشکی به جای بی‌دلی در دل صفایی داشتیم
کاشکی این رونق جان سطحی نمی‌انگاشتیم
کاشکی دل‌های گران، سهم ارزانی نداشت
کاش بر این شک و گمان سایه نمی‌انداختیم

۹۸* زیباترین فصلم

توی چشمای خاموشِت
هنوز روشن‌تر از قبلم
توی سرما و تو گرما
واست زیباترین فصلم

مثلِ رنگین‌کمانی که
توی آفتاب و بارونه
یا چشمایی که از گریه
بازم پیشِ تو خندونه

نگو چیزی که می‌دونم
دمِ رفتن چه دل‌گیره
قفس پر کرده اینجا رو
دلم، بد بی‌تو می‌میره

روزم تاریک‌تر از شـب شد
دلم پیشـت پر از شک شد
از اون عشقی که می‌گفتی
تو ذهنم اسمِ تو هک شد

دو دل بودم ســرِ حرفات
ولـی گـولِ تو رو خوردم
مسـیرم اشـتبـاهی بود
یـه جورایـی کـم آوردم

تو رفتی و زمسـتون شـد
همه فصـل‌های عمرِ من
چـه دردی داره این روزا
کـه تـو بـردی قرارِ من

۹۹ * جوانه

یـه روزی روی عـادتـم
کـتـابـتـو ورق زدم
برای دوسـت داشتـنِ تو
راهِ زیــادی اومـدم

کوچه به کوچه گشـتـم و
رؤیـای زنـدگیم شـدی
مثلِ جوونه‌های سـبز
دلیلِ تازگیم شـدی

آسـمـون از نـبـودنـت
تنهایی‌مو گریـه می‌کرد
دلـم بـرای دیـدنـت
به آسـمون شکوه می‌کرد

کاشکی که برگردی بیای
دوباره قسمتم بشی
این دفعه با دلخوشی‌هام
دلیلِ طاقتم بشی

کنارِ تو جون بگیرم
بی‌تو نمی‌شه بمونم
برای دوست داشتنِ تو
من زیرِ بارون می‌خونم

عاشقِ نیمه‌راه نباش
من همه راه و اومدم
تنها نرو بدونِ من
نگو که راهو بلدم

نگفتی بی‌تو تنهامو
نباشی بی‌تو داغونم
حالا چی شد کجا رفتی
که تنها کنجِ این خونه‌م

چقدر حرف زدن آسونه
توو این غربت دلم شومه
ندیدی و نفهمیدی
دلم بی‌تو چه آشوبه

برای عشق و آرامش
همیشه جست‌وجو کردم
برای اون که می‌خوامش
به اسمش آرزو کردم

یه روز اومد که از شـوقش
جهـان رو زیر و رو کردم
دلـم پیـشِ دلـش گیره
ولـی گفـت بر نمی‌گردم!

دلم می‌خواد تو هم اینجـا
کنارم پیشِ من باشـی
نه دوری واسـه من خوبه
نه اینکه سـرد و تنها شـی

چه شب‌هایی گذشت و من
هنـوزم بـا تـوأم اینجـا
شـــاید دنیا دلش مرده
نمی‌فهمـه تو رو می‌خوام

۱۰۱ * دل گو

دنیـای من مثـلِ تو نیس
اینـجـا بـرای من کمـه
شـــبیـهِ جون‌کنـدن و
هواش واســـم یـه مـاتمِه

دستِ خودم نیست که اگه
ســرِ دو راهی می‌شــینم
نمـی‌دونـم بـایـد بـرم
یا اینکه عاشـــقت شـــدم

یـه روزی گفتی آسـمون
واسـه تو خاموش نمی‌شـه
گـفتـه بودی اگـه بیـای
روشـــن می‌مونه همیشـــه

از بـدِ ایـن روزهـا نـگو
کـه هـمـه جا ابری شـــده
یـه بغضِ تلخِ کـه دیگـه
نگو عجـب زجری شـــده

توی چشـمام خیره شـدی
واسـهِ تو آیینـه شـدم
وقـتی بـه خودم اومـدم
دیـدم کـه دیوونه شـدم

هـوای عـاشـــقیِ مـن
بـا تو یـه دنیـای دیگـهس
حتی شـــبیههِ رؤیا نیسـت
همونی کـه دلم میگـهس

۱۰۲* ماهی و شیوا

مـثـلِ پـروازِ پـرنـده
تـوی دشــتِ آرزوهـا
پر زدی تـوی خیـال و
شــدی همرنگِ یه رویا

توی پســتوی نگـاهـت
مـعـرفـت بـود و مرامـت
پشــتِ اون خنـدهی زیبا
یه ســؤال موند و جوابت

بعدِ اون حادثه، خورشــید
مثـه من توی غروب موند
بعدِ تو مـاهیِ اسـفـند
شــعر زنـدگی نمیخونـد

نه صفایی داره خونه
نه کسی دل می‌سوزونه
نه دیگه چشمِ سیاهت
منتظر برام می‌مونه

با تو هر امیدی امن و
با تو دنیا مالِ من بود
که حالا نبودت اینجا
حسرت و خیالِ من شد

یه روزی شانسِ بدِ من
ماهیم افتاد توی قلاب
فکرشم نکرده بودم
بی‌تو شَم مثلِ یه مرداب